Rêver sa vie !

Rêver sa vie !

CONNOR FRANTA

Traduit de l'anglais
par Maryline Beury

City

© City Editions 2015 pour la traduction française
© 2015 by Connor Franta

Publié aux États-Unis par Atria, une marque
de Simon & Schuster, Inc sous le titre *Work in progress*
Photo de couverture : © Connor Franta
ISBN : 978-2-8246-0674-3
Code Hachette : 22 1592 2

Rayon : Biographie / Jeunes adultes
Collection dirigée par Christian English & Frédéric Thibaud
Catalogue et manuscrits : www.city-editions.com

Dépôt légal : octobre 2015

Imprimé dans la C.E.E.

Aux penseurs, aux grands rêveurs
et à tous les nouveaux créateurs
du monde qui m'inspirent.

Sommaire

Rétrospective

J'ai six ans. C'est une froide journée d'automne, la rosée recouvre encore l'herbe, il souffle un vent léger, et beaucoup de gens hurlent comme des sauvages derrière moi. La rue où je me trouve grouille d'athlètes de tous gabarits qui se ruent vers la ligne d'arrivée sous les encouragements et applaudissements du public, même si, sur les 500 participants, beaucoup de coureurs sont totalement hors d'haleine et finissent quasiment à 4 pattes.

Dans notre famille, cette journée de la fin du mois de septembre est attendue avec autant d'impatience que le jour de Noël. Cheryl et Peter, mes parents, sont en effet les fiers organisateurs de la course d'Applefest Scenic 5K, un événement très populaire dans le calendrier de la ville de La Crescent, Minnesota, avec la foire du comté, la parade d'automne et autres rendez-vous festifs comme il en existe dans les petites villes. L'appellation comporte les mots *scenic*[1] parce que le parcours se déroule sur un itinéraire vallonné, et *Applefest*[2] parce que ma ville natale est considérée comme la capitale de la pomme de notre État. Oui, nous sommes de grands producteurs de pommes et nous revendiquons ce titre avec fierté.

Mais l'intérêt de cette histoire, ce ne sont pas les pommes. Plutôt le fait que je m'ennuie à mourir en regardant ces gens dégoulinant de sueur courir vers un objectif dont la plupart se

---

1. L'adjectif *scenic* évoque un endroit pittoresque, qui offre de beaux paysages. (NDT)

2. Littéralement : « fête de la pomme ». (NDT)

vanteront bientôt en mangeant un troisième donut avec leurs amis. Pendant ce temps-là, je préfère me créer mes propres distractions, raison pour laquelle ma curiosité se fixe sur la caméra que mon père a installée près de la ligne d'arrivée pour enregistrer chaque seconde de cette folle journée. Mon père semble nourrir une passion qui le pousse à enregistrer tout ce qui se passe dans notre vie. Il appelle ça des « films fabrication maison ». Chaque occasion (anniversaires, matins de Noël, compétitions sportives, jeux à l'école) est captée pour la postérité, comme s'il ne voulait rien oublier de tout cela. Peut-être cela explique-t-il pourquoi je suis fasciné par cette boîte magique avec sa petite lumière rouge clignotante. Ne dit-on pas « Tel père, tel fils » ? *not comme ?*

Habituellement, la caméra est collée à sa main, la lanière fermement nouée autour de ses jointures. Mais parfois, comme aujourd'hui, il pose son énorme trésor de technologie sur un trépied et le laisse tourner jusqu'à la fin de la bande. Quand je dis énorme, je n'exagère pas. Ce truc ressemble à un gros grille-pain auquel on aurait ajouté un télescope. C'est pourtant le meilleur et tout dernier gadget du genre, avec des bandes de la taille de boîtes d'allumettes et une qualité à deux pixels. Waouh ! Quelle époque !

Je sais que je ne devrais pas toucher à son matériel, mais l'envie est trop forte. Je jette un regard autour de moi : un groupe de coureurs descend la pente de Northridge, la plus grande colline de la course et son dernier virage ; non loin de moi, ma mère est au milieu d'une foule, un sourire permanent sur le visage, dissimulant le stress lié à l'organisation d'un tel événement, tandis que mon père, incapable de rester en place plus de deux secondes, passe d'un coureur à l'autre, distribuant félicitations chaleureuses, humour sarcastique ou conseil médical (il est médecin). Cool. Ils sont visiblement bien occupés.

Je me dresse sur la pointe des pieds pour regarder ce qui est en train d'être enregistré et je peux vous assurer que personne ne risquait d'avoir envie de regarder ça, à moins de rechercher un

truc qui aide à s'endormir, voire à sombrer dans un état proche du coma. Étant, à l'époque, plutôt du genre à chercher à capter l'attention, je décide donc de pimenter un peu tout ça en y faisant un petit show pour le futur public, en l'occurrence, ma famille. Et quand je parle de « show », il s'agit simplement de me mettre devant l'objectif en parlant de n'importe quoi pendant un certain laps de temps, en partant du principe que je suis drôle.

Rien n'a changé depuis.

J'avance donc devant la caméra et commence à parler en improvisant. Je parle en faisant comme si l'objectif était une personne, sachant qu'il finira par en devenir une – une personne installée dans mon salon espérant voir celui qui aura terminé la course en un temps record.

Au lieu de cela, quand l'enregistrement sera transféré sur la télévision (à l'aide de trois câbles de différentes couleurs reliés au caméscope), ils me verront faire le zouave et émettre des commentaires brillants, spirituels et pertinents sur la fête du coma qui se déroule derrière moi.

Je me persuade ainsi d'être l'option la plus divertissante et suis sûr que tout le monde me remerciera pour cette performance impromptue. Hélas, c'est bien ce qu'il y a de décevant avec l'enfance – et souvent avec le reste de la vie : la réalité survit rarement à nos grandes espérances !

Je ne pourrais pas dire que mes parents ont été particulièrement impressionnés par cet acte de spontanéité inédit. Ni que l'on m'a félicité pour mon initiative.

Pourtant, mes amis, c'est bien là que tout a commencé. À l'âge de six ans. Devant la ligne d'arrivée d'une course à pied, quand tout le monde avait le dos tourné. Pour m'adresser à une caméra.

• • •

Seize ans plus tard, me voici en train d'écrire un livre, conséquence heureuse de mes heures à parler devant une caméra. Merci, papa !

« Écrire un livre. » Je prononce cette phrase à haute voix tandis que je tape les mots sur la page.

Bon sang, ça me paraît quand même difficile, et même assez intimidant, surtout quand je n'en suis qu'à quelques phrases du projet. Mais tant pis, je me jette à l'eau !

J'ai 22 ans, et le fait d'écrire un livre me semble tout bonnement friser la folie. Une folie qui est quand même cohérente avec la tournure que ma vie a prise dernièrement.

En bref, je suis un garçon issu d'une petite ville du Midwest, qui a mené une existence relativement normale pendant la plus grande partie de sa vie. Jusqu'à ce jour d'août 2010, lorsque je

suis tombé sur un petit site Internet appelé YouTube et où j'ai posté ma première vidéo quand personne ne s'y intéressait. Puis, ma vie est devenue un peu étrange. Non, soyons honnêtes : elle est devenue carrément étrange, et très, très vite !

Quatre ans plus tard, étant passé du statut de garçon à celui d'homme et de l'obscurité à quelque chose que j'essaie encore de définir, me voilà avec des millions d'abonnés qui, pour je ne sais quelle raison, sont captivés par ce qui m'intéresse, ce que je fais et même ce que je dis. Une minute, je me parle à moi-même ; celle d'après, je parle à plus de quatre millions de gens… et ce nombre ne cesse d'augmenter chaque jour. (C'est quand même un peu flippant quand on y pense !)

Surgi de nulle part, je me retrouve avec un public qui aurait fait pâlir d'envie les vidéos de mon père, un public qui représente plus de la moitié des habitants du Minnesota et davantage que ceux du Dakota du Nord et du Sud ensemble, multipliés par deux.

Comme je le disais, ma vie est devenue étrange.

Je suis ce que les médias appellent communément un « youtubeur ». Personnellement, je me considère plutôt comme un créateur de contenus utilisant une nouvelle plate-forme pleine de possibilités. Les gens comme moi entrent dans les maisons des jeunes générations comme l'ont fait les stars de la télé dans les années 1950. À cette époque, je suis sûr que la génération d'avant, si habituée au format, à l'intimité et à la présence de la radio, a été aussi déconcertée en voyant des gens sur un écran flou en noir et blanc, de la même manière qu'une certaine génération d'adultes est encore perplexe devant YouTube.

Ce phénomène représente la démocratie des nouveaux médias, où des gens comme moi peuvent inventer, lancer et gérer leurs propres sites – et leur public – par Internet. Comme des programmes télévisés qu'on aurait dans sa poche, disons.

Ce que j'adore dans la communauté que j'ai créée, c'est qu'à n'importe quel moment, je peux entrer en contact avec n'importe qui et communiquer avec eux via Twitter, Instagram, Facebook ou Tumblr.

Tout ça, c'est à moi. *Alors, pas touche !*

Mais, au fond, pourquoi se met-on à écrire un blog ou à tenir un vlog ? Parce que l'on a envie de partager, de faire connaître une opinion, de se défouler, de provoquer la réflexion, ou, comme moi en 2010, simplement parce qu'on s'ennuie et qu'on n'a rien de mieux à faire.

Les quatre premières raisons ci-dessus représentent mes motivations pour m'asseoir à une table (ou faire les cent pas comme un fou dans mon appartement) et écrire ce livre : coucher sur le papier ce que j'ai abordé dans nombre de mes vlogs au fil des ans. Partager les défis auxquels j'ai dû faire face pendant mes 22 années sur terre (certains universels, d'autres beaucoup plus intimes), en espérant que cela pourra vous réconforter, vous guider ou simplement vous aider à vous sentir moins seuls avec vos propres problèmes.

J'ai l'impression d'avoir mené une vie pas très orthodoxe jusqu'ici, mais probablement pensez-vous la même chose de votre propre cas. Il y a tellement de non-dits dans nos vies. Et, même si la mienne semble affichée sur Internet, il existe beaucoup de choses que les gens ignorent. Et c'est bien normal, non ?

Faisons un peu de maths, tiens (certains adorent ça, moi, je déteste, mais bon). Jusqu'ici, la fenêtre sur mon univers s'est ouverte uniquement pendant cinq minutes tous les lundis. Cinq minutes sur les 10 080 minutes que comporte chaque semaine. Ce qui signifie que j'ai partagé un peu moins de 18 heures, grosso modo, à parler à mes abonnés entre 2010 et 2014.

En d'autres termes, j'ai seulement effleuré la surface de ce que je souhaite partager avec vous. Et même là, l'information a été diffusée dans une vidéo bien montée, bien propre. Je peux commettre une erreur, faire marche arrière et recommencer ; je peux le faire un nombre incalculable de fois avant d'être satisfait de la façon dont je formule les choses.

Dans la vraie vie, ce n'est pas comme ça. Tout se passe en une seule prise, sans montage, avec des tas d'imperfections et d'erreurs qu'on doit commettre un certain nombre de fois avant de piger (fait valable pour les ados aussi bien que pour les adultes).

Un écran d'ordinateur imite la télé dans le sens où il crée l'apparence d'une vie parfaite – ou l'illusion, devrais-je plutôt dire. Tout comme un selfie sur Instagram ou un tweet bien préparé, l'écran de l'ordinateur projette l'image que je choisis d'illustrer. Nous le faisons tous. Ma vie – l'aperçu donné via YouTube – n'est pas plus parfaite que la vôtre. Je ne suis pas différent. J'ai affronté des trucs considérables comme la dépression ou ma sexualité, aussi banals que l'amitié, le changement ou l'image de mon corps. Certains appellent ça grandir. Moi, j'appelle ça la vie, et, d'après mon expérience, ça ne devient pas forcément plus facile en grandissant. Mais cette lutte éternelle a quelque chose de beau, et je suis heureux de persévérer.

Dans les pages qui vont suivre, je vais aller plus loin que lors des cinq minutes par semaine que je partage habituellement en vidéo. Je vais vous inviter à m'accompagner comme on le fait avec des amis ou avec des gens dont on sait qu'ils vont nous comprendre. J'espère que cela vous amusera, vous soulagera, vous inspirera ou vous émouvra. J'espère provoquer du rire, des larmes, et tout ce qui existe entre les deux. Vous apprendrez quelques histoires marrantes sur mon passé, lirez quelques mots de conseil concernant les moments difficiles et verrez un bon nombre des photos que j'ai prises pendant ce parcours.

Il est donc temps d'écrire quelque chose d'un peu plus long et plus profond qu'un message tenant en 140 caractères. Il est temps d'écrire ce livre. Un temps pour nous.

Alors, tu fais quoi
dans la vie ?

La vie d'un youtubeur peut être difficile à expliquer dans un monde essayant encore de saisir que, oui, les créateurs de contenu comme moi peuvent en vivre, mais que, non, YouTube n'est pas seulement un endroit où des gamins s'amusent au karaoké ou à faire des blagues devant une caméra ; et que ce n'est pas non plus uniquement un moyen pour les adultes de poster des vidéos de bébés et de chatons en espérant faire le buzz.

Du point de vue social, la conversation typique sur ce que je fais dans la vie peut se révéler drôle, un peu abrutissante ou juste assez gênante. Grosso modo, ça ressemble à peu près à ça :

L'inconnu :
— Alors, Connor, tu fais quoi dans la vie ?

Cette question est systématiquement la première que tout le monde vous pose à Los Angeles, afin de déterminer ce qui vous a amené dans ce repaire de stars, d'évaluer votre niveau de réussite et, dans certains cas, si vous valez la peine d'être fréquenté plus de deux minutes d'affilée. Mon sourire figé ne laisse rien paraître de la voix qui hurle déjà dans ma tête, sachant où tout cela va me mener : la discussion tant redoutée sur YouTube.

Malgré tout, je tente toujours courageusement d'éviter de mettre ça sur le tapis.

Moi :
— Oh ! des petites choses. Je fais des blogs, des vidéos.

Dans l'espoir ultime de trouver un jour la réponse qui fera taire toute curiosité supplémentaire, de trouver la bonne appellation pour décrire ce que je fais, j'essaie chaque fois de changer ma façon de présenter ce que je fais.

L'inconnu :
— Ah oui ? De quoi parlent tes blogs ?

Moi :
— Oh ! de tout, de rien. Des trucs de tous les jours.

L'inconnu :
— Intéressant. Et pour qui ?

On ne peut pas y couper. Mon expérience de ce genre de conversations m'a appris que mon métier est ce que les gens ont le plus de mal à comprendre.

Moi :
— YouTube. Je suis, euh,
un youtubeur, comme on dit.

Là, je sens la confusion derrière le froncement de sourcils qui accompagne généralement cette réponse. Ils doivent se dire un truc du genre : « YouTube ? Comme le site de vidéos ? Qu'est-ce que tu fais, exactement ? »

Moi :
— Je suis un vlogueur. C'est comme
un blogueur, mais avec des vidéos.

L'inconnu :
— Donc, en gros..., tu parles devant
une caméra... sur ton temps libre ?

Moi :
— Non, je gagne ma vie comme ça.

L'inconnu :
— C'est ton BOULOT ?

Moi :
— Oui, je fais des vidéos sur YouTube.
Le plus souvent, des petits sketches rigolos
de cinq minutes ou de simples commentaires
sur ma vie quotidienne.

L'inconnu :
— Ah ouais ?

Moi :
— Ouais.

Ce que la personne meurt d'envie de dire, mais s'abstient
généralement de faire, est : « Non, tu te fous de moi, hein ? Ça ne
peut pas être tout à fait ça. » Or, l'incrédulité se transforme en une
curiosité plus intense.

L'inconnu :
— Et tu gagnes de l'argent en faisant ça ?

Moi :
— Oui.

Là, l'embarras commence à monter d'un cran.

L'inconnu :
— Combien tu te fais ?

Les gens se permettent tout le temps de me poser cette question. On dirait que l'incompréhension annule toutes les règles de convenance.

L'univers de YouTube leur est si étranger que la plupart des gens de plus de 30 ans ont besoin de passer par la case argent pour essayer de percer ce mystère.

Moi :
— Je gagne correctement ma vie.

L'inconnu :
— Mais... comment ?

Moi :
— Recettes publicitaires.
Sponsors. Comme la télé, quoi.

L'inconnu :
— Donc, moi aussi, je peux le faire ?
Mettre des vidéos en ligne et me faire de l'argent ?

Ça y est, il vient de piger. Là, l'inconnu formule explicitement ce qu'il sous-entendait jusqu'alors : que ce doit être facile, qu'être un youtubeur ne nécessite pas beaucoup d'efforts. Pas vrai ? Enfin, ça ne doit pas être sorcier, quand même !

Moi :
— Eh bien, tout le monde peut aller sur YouTube. Toutes
les heures, il doit y avoir environ 300 heures de vidéos
mises en ligne. Mais il m'a fallu 4 ans, 400 vidéos
et beaucoup de boulot et de persévérance pour y arriver.
Ce n'est pas le succès assuré, mais...

L'inconnu (l'air déçu) :
— Ah bon..., OK, c'était sympa
de faire ta connaissance, Connor.

Fin de la scène

Habituellement, l'inconnu coupe alors court à la conversation, sûrement pour rentrer chez lui et demander à son fils ou sa fille ado de lui expliquer ce que c'est que cette « génération YouTube ».

Alors, voilà, pour les non-initiés, qui je suis et ce que je fais.

Mais comment j'en suis arrivé là, c'est une autre histoire.

Présentation de la famille

Si vous êtes propriétaire d'un petit hectare de terre dans le Minnesota, il y a de grandes chances pour que vous ayez hérité d'un pommier ou que vous l'ayez planté vous-même. Soyons clairs : l'arbre que vous voyez sur la page d'à côté n'en est pas un. C'est un arbre généalogique. Je l'ai déterré – pardon, dessiné – pour ce livre, dans le simple but d'illustrer le vieil adage selon lequel les pommes ne tombent jamais loin du pommier.

MAMAN :

Née pour courir, aimer et s'occuper des autres. Mère au foyer. Tient les rênes du ménage et veille sur tout le monde. Douce, gentille, attentionnée. Sans elle, notre famille serait paumée.

PAPA :

Né pour courir, aimer et s'occuper des autres. Profession : médecin. L'une des personnes les plus patientes et intelligentes que je connaisse. Rit tout le temps. Gros blagueur. Aime tout comprendre, y compris les gens. Gaffeur.

DUSTIN :

Aîné et cerveau des enfants Franta. Vieille âme, diplômé en anglais et en littérature. C'est lui qui devrait écrire ce livre ! Adore courir. Gros intello. Travaille dur. Joue à Mario Kart et à un jeu de cartes bizarre.

NICOLA :

Peut faire plus de tractions sur une barre que pas mal de mecs. Super cuisinière. Fait un gâteau bien meilleur que la plupart des chefs. Rire contagieux. Sourire craquant.

MOI :

Passe beaucoup trop de temps sur Internet. Amoureux des chats. Accro au café. Fan de design, maniaque des détails. Cérébral. Ami. Amoureux. Câlin. Soucieux de son image.

BRANDON :

Le plus jeune, ou, comme nous aimons l'appeler, l'« ange ». Grand cœur. Toujours de bonne humeur. Déjà bénévole. Beaucoup d'humanité. Sauvera un jour le monde et trouvera un remède contre le cancer. Fait passer, à côté de lui, pour un sombre connard le type le plus gentil.

Le bon vieux temps

L'histoire de ma vie ne commence pas dans le Minnesota, mais au Royaume des Tonga.

Je mettrais ma main à couper que, d'un seul coup, je viens de capter toute votre attention.

Oui, aux Tonga, cet archipel peu connu de 176 îles s'étendant sur une bande d'environ 800 kilomètres dans le Pacifique Sud, quelque part entre la Nouvelle-Zélande et Hawaii. Population : environ 105 000 habitants. Climat : tropical. Gouvernement : monarchie constitutionnelle. Imaginez des paysages vallonnés et luxuriants, des grottes profondes et mystérieuses et des plages de sable blanc le long d'une côte avec des ports, des yachts et des bateaux de pêche tanguant sur l'eau. Vous voyez le tableau ? Il y a de belles images sur Google, vous ne trouvez pas ?

Seules 40 des 176 îles sont habitées. Je ne sais pas tout cela uniquement grâce à Google, mais parce que mes parents ont vécu sur deux d'entre elles, séparément. Leur histoire d'amour est relativement idyllique, quoique peu conventionnelle, c'est le moins qu'on puisse dire. J'aime me dire que le destin a fait preuve d'un certain humour en réunissant au milieu de nulle part Cheryl, du Montana, et Peter, du Minnesota ; ils étaient alors bénévoles pour le Corps de la paix entre 1983 et 1984.

Après avoir été coincés si longtemps sur une île, en allant courir ensemble, explorer les grottes, tuer des insectes géants et, bien sûr,

profiter de tout ce que la culture tonga peut offrir, ils sont tombés amoureux, et le reste ne nous regarde pas. À un moment, on les a envoyés sur des îles différentes, ce qui veut dire qu'ils devaient s'écrire des lettres d'amour pour rester en contact. De longues lettres d'amour, écrites à la main, bien entendu. Envoyées par courrier postal. Ce qui impliquait d'attendre au moins 48 heures avant de recevoir la moindre réponse. L'HORREUUUR ! Comment ont-ils pu supporter ça ? Vous imaginez ça avec les textos, aujourd'hui ? Non, impossible. Moi, je ne pourrais jamais.

Mais, alors qu'ils envisageaient de rentrer aux États-Unis, ma mère a voulu s'assurer qu'au-delà de l'histoire d'amour aux Tonga, ils auraient un avenir ensemble. Ne voulant pas risquer de laisser filer mon père, elle s'installa donc dans le Minnesota. Ils se marièrent le 22 juin 1985, peu après leur retour.

Mais assez parlé de Jane et de Tarzan. Venons-en plutôt à moi, sept ans plus tard, lorsque je suis venu au monde, quoique mon histoire soit moins exotique et beaucoup plus chaotique.

La Crescent, ma ville natale, n'a rien de spécial. Population : 4 500 habitants. Climat : alternativement très chaud ou très froid. Deux stations-service, une pizzeria, quelques boutiques, une école ou deux. La commune qui jouxte la mienne est la ville de La Crosse, dans le Wisconsin, située de l'autre côté du fleuve Mississippi, qui fait office de frontière entre les États. Ma charmante ville natale, située au pied d'une chaîne de collines au sud du lac Onalaska, est assez calme et peuplée de gens apparemment aussi sympas que les Tonguiens. L'expression *Minnesota nice* n'est pas usurpée. La ville de La Crescent[1] porte ce nom parce qu'autrefois, les propriétaires terriens voulaient quelque chose d'un peu « pittoresque » pour attirer des habitants (mise à jour en 2015 : ça n'a pas marché). Les gens du coin avaient dû voir la forme de croissant que prend le Mississippi à cet endroit, et ils s'en sont inspirés. En tout cas, c'est ce qu'on raconte. Quoi qu'il

---

1. *Crescent* signifie « croissant ». (NDT)

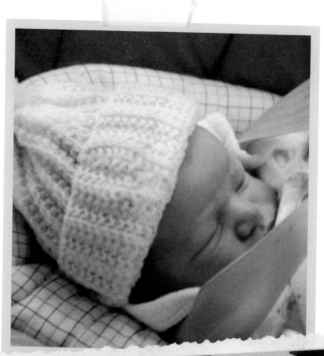

en soit, c'est le seul endroit que j'aie connu durant mon enfance, et j'ai beaucoup aimé grandir là-bas.

La maison de mon enfance était un grand bâtiment bleu clair à deux niveaux avec un vaste jardin à l'avant. Je partageais ma chambre avec mon petit frère, alors que les autres avaient la leur. Trop l'arnaque ! Nous n'avions pas encore de grande télé ou de console de jeux vidéo quand nous étions petits, et nous passions donc la plupart de notre temps dehors. Nous vivions sur une grande colline du côté nord de la ville (finalement peu éloigné du côté sud) et prenions souvent nos vélos pour aller à la piscine ou à une aire de jeux voisine (en fait, même un parking nous convenait très bien !). Où que nous soyons, le paysage était toujours à peu près le même : des petites maisons à perte de vue, avec des jardins verdoyants et des tas d'arbres à escalader.

Quand je repense à cette période, il me semble toujours sentir l'odeur de la délicieuse cuisine faite par ma mère, qu'elle devait passer la moitié de sa journée à préparer.

Ah ! si vous saviez les doux parfums qui montaient de ces chefs-d'œuvre domestiques ! Je me souviens aussi que tout était parfaitement propre et rangé à la maison. (Ça l'est toujours – « Maman, LÂCHE CET ASPIRATEUR ! ») Tout était si impeccable qu'on aurait littéralement pu manger par terre. Sérieusement, je ne plaisante pas (j'ai d'ailleurs dû le faire une fois ou deux quand j'étais gamin).

Puisque j'évoque la délicieuse cuisine de ma mère, parlons-en un peu. C'était une mère au foyer traditionnelle, qui préparait elle-même les repas pour sa famille cinq à sept soirs par semaine. Et je peux vous dire que j'ai adoré ça. Elle savait tout faire, du gratin fromage-brocolis avec une garniture croustillante au saumon sauce citron avec des asperges craquantes. Parmi nos plats préférés, elle faisait aussi souvent du chili au blanc de poulet, des pâtes aux épinards et aux noix, et tout ce dont on peut rêver comme plat chaud. C'est malin, voilà que j'ai faim, maintenant. Merci, maman !

Pendant qu'elle tenait la maison, mon père travaillait dehors, en véritable héros de notre petite ville. Il y était médecin et avait pour patients presque tous les habitants de La Crescent. C'est une véritable célébrité, à sa manière. Comme moi, il est fan de gadgets, même s'il ne sait pas toujours très bien se servir des derniers appareils sortis. Un jour, alors qu'il était assis devant son ordinateur avec une expression totalement perplexe, il a levé les yeux de l'écran et m'a dit :

— Hé, Connor ! Comment on fait un copier-coller sur ce truc ?

J'ai failli pleurer de rire. Bon, plus sérieusement, à part son incapacité à comprendre les produits Apple et les réseaux sociaux, il reste quand même l'une des personnes les plus intelligentes que je connaisse.

Je tiens à le dire : Dustin, Nicola, Brandon et moi avons de la chance d'avoir des parents qui nous ont toujours soutenus. Je pourrais continuer à faire l'éloge de ma famille, mais tout de même, ce livre est censé parler de moi. Alors, revenons à moi.

Mes frères, ma sœur et moi avons vécu une enfance dorée et insouciante. J'ai aimé tout ce que je faisais à cette époque, que ce soit lorsque j'allais à la piscine du coin avec mes copains ou lorsque je veillais tard le soir pour jouer au loup avec une lampe de poche sous les étoiles.

J'ai passé la moitié de mon enfance au YMCA[1] de La Crosse, un bâtiment de briques qu'on aurait pu prendre pour une vieille prison, mais qui était doté d'une piscine. (Je plaisante, mais, à l'époque, c'est l'impression qu'il me faisait.) Nous nous entassions dans la voiture à 6 h du matin et on me laissait, tout petit déjà, à l'aire de jeux surveillée du YMCA tandis que mes parents partaient rejoindre des amis pour aller courir 15 kilomètres. Ce n'est pas parce qu'ils avaient des enfants qu'ils allaient renoncer à leur entraînement pour le marathon. Et je ne peux que les en féliciter.

Quand j'ai eu neuf ans, ma mère m'a inscrit à l'équipe de natation du YMCA de La Crosse. Je pense qu'elle a fait cela à l'époque où j'étais un peu rondelet, afin de m'aider à perdre quelques kilos, mais je me suis tout de suite senti comme un poisson dans l'eau et j'ai continué la natation pendant les dix années qui ont suivi. En gros, le YMCA était ma deuxième maison. Quand on ne me trouvait pas chez moi, j'étais à la piscine, faisant longueur sur longueur, m'entraînant pour mon grand avenir d'athlète. C'est là que j'ai appris, très jeune, à développer mes relations avec les autres. C'est dans cet environnement, plus qu'à l'école, que je me sentais le moins timide.

Principaux souvenirs d'enfance : maman qui cuisine, et le YMCA, donc. Et aussi nos étés en famille dans la cabane au bord du White Earth Lake dans le Minnesota (en gros, pas très loin de la frontière du Canada). Chaque été, nous faisions huit heures de route vers le nord pour nous installer dans une vieille maison en rondins transmise de génération en génération. Là, on pêchait, on marchait dans les bois, on dévalait des pentes caillouteuses,

---

1. *Young Men's Christian Association* : mouvement de jeunesse chrétien proposant de nombreux services et activités. (NDT)

on nageait dans l'eau cristalline du lac, on pique-niquait au bord de l'eau et on faisait des soirées feu de camp plusieurs soirs par semaine. C'étaient des moments idylliques, pleins de proximité (et aussi de moustiques). C'était une époque où les gens passaient plus de temps ensemble, en famille. Nous avions l'électricité dans la cabane, mais pas de télé ni d'Internet. Ni smartphone ni iPad pour nous empêcher d'être vraiment ensemble.

En me retournant sur mon passé, tout m'y semble accueillant : la maison, le YMCA, la cabane en bois. Si j'ai appris quelque chose en grandissant, c'est bien que la famille et le foyer sont les fondations de tout ce que nous serons appelés à faire. C'est notre camp de base. Notre refuge. Le seul endroit au monde où nous nous sentons totalement en sécurité et pleinement nous-mêmes. Ma maison et le Minnesota sont le décor de multiples souvenirs merveilleux que je conserve précieusement.

Mais si vous voulez vraiment savoir quel genre d'enfant j'étais, il n'y a que deux personnes à qui il faut le demander.

How my mom is nice

When she talks
When she works
When she is cool
When she plays
When she helps me with my homework
When she is at other peoples' houses
When she is gone
When other people are over
When she goes to church
When she is in the car
When she is alone
When she is singing
When she is reading
When she kisses
When she is cleaning
When she eats
When she is yelling
When she is dancing
When she is running
When she is shopping
Love,
Connor

Lettres
de mes parents

Bon, préparez-vous bien. Je m'apprête à faire l'impensable et à passer la plume à mes parents. Oui, à ceux qui m'ont créé, élevé et grandement façonné tel que je suis aujourd'hui ; ceux qui connaissent tous mes secrets et n'ont pas peur de les partager avec tous leurs amis en leur passant un coup de fil pendant qu'ils vont au travail ou au supermarché.

Je regrette déjà ma décision. Quand on est enfant, on a souvent peur que nos parents racontent nos petites histoires à QUI QUE CE SOIT.

— Pitié, tout, mais pas ça ! Je ferai tout ce que tu veux, mais ne raconte pas à mes amis ce truc que j'ai fait quand j'avais quatre ans. C'était il y a SUPER LONGTEMPS. S'il te plaît !

Pourtant, si vous devez en savoir plus sur moi, cette partie du livre est une étape nécessaire. Voici donc ce que mes parents pensaient de moi enfant. Rien n'a été censuré. Maman, papa, à vous de jouer.

Cher Connor,

Quand tu étais bébé, tu riais et tu souriais beaucoup, ce qui captait l'attention de tout le monde, que nous soyons dehors ou à la maison. Je crois que tu aimais déjà être sous les projecteurs. Il suffisait de jouer ou de chanter avec toi pour te faire sourire, et je me sentais fondre chaque fois.

Tu as parlé très tôt. Je me souviens de la fois où tu as prononcé le mot « stupide »... à 23 mois ! Un jour où nous t'avions mis au coin, et alors que tu avais appris quelques expressions. Tu as dit : « Détends-toi, maman ! » C'était ta façon de nous dire que tu t'étais calmé et que tu étais prêt à sortir du coin. Tu n'avais aucun mal à exprimer ce que tu pensais !

En y repensant, tu as toujours été d'un caractère indépendant, bien décidé à affronter le monde. À 18 mois, tu voulais manger tout seul et marcher sans qu'on te tienne la main. Tu faisais tout assez vite. Disons que « vite » est ton rythme naturel. Que ce soit pour une corvée à la maison ou un travail à l'école, le plus important pour toi n'était pas que ce soit fait à la perfection ; pas dans un premier temps, en tout cas. Mais, quand ton côté créatif s'est mis à émerger — lorsque tu as commencé à suivre des cours d'art et d'informatique au lycée — cela a été un tournant : tu as commencé à te soucier davantage de la qualité d'exécution. À partir de là, tout devait être comme ci et pas comme ça.

Nous avons vite compris que le changement te déstabilisait. S'il y avait la moindre modification dans ton organisation, je devais t'en avertir le plus tôt possible pour ne pas te perturber. Tu préférais l'ordre et la stabilité, et pouvais être d'assez mauvaise humeur si les choses ne se passaient pas comme tu l'avais prévu. Mais, même si tu nous donnais parfois du fil à retordre, tu as toujours eu quelque chose de particulier – de pétillant. Ton charisme était évident. Parmi nos quatre enfants, c'est toujours de toi que nos amis – ou de parfaits inconnus – nous parlaient en premier. À ces moments, quand j'étais fâchée après toi, je me répétais en boucle : « Je sais qu'il deviendra quelqu'un d'extraordinaire. »

Tu as d'ores et déjà prouvé que j'avais raison.

Aujourd'hui, je vois un Connor heureux et épanoui, responsable, qui trace son propre chemin. En tant que mère, je vois aussi l'amour que tu éprouves pour ta famille et tes origines. Et cela me fait chaud au cœur, autant que tes premiers sourires il y a 22 ans.

Bisous,
Maman

Cher Connor,

Connor Joel Franta, par où dois-je commencer ?

Lorsque je pense à toi petit, beaucoup de souvenirs merveilleux me viennent à l'esprit. J'aimerais que tout le mérite m'en revienne, étant donné que je t'ai fourni des milliards de gènes il y a 22 ans. Hélas, c'est impossible, ta mère en ayant fourni l'autre moitié.

Nous avons pourtant beaucoup de points communs : nous avons une passion pour l'eau, nous aimons tout ce qu'il est possible de faire en matière de photo et de vidéo, nous aimons donner l'exemple et étions tous deux " rondouillets " enfants (ces gènes-là aussi, tu les tiens de moi !).

En grandissant, tu as révélé une personnalité affirmée, qui a pu se manifester par de fréquents envois « au coin », comme l'évoquait ta mère, ou par des répliques cinglantes quand il fallait te lever de bonne heure pour aller à l'école.

Cette forte volonté que tu possèdes a fini par se muer en une farouche éthique dans le travail également, que ce soit en sport ou dans certains projets artistiques. Quelle énergie débordante tu as ! Même moi, tu m'as entraîné dans ton mouvement, ta détermination.

J'ai essayé de faire de toi un champion de lutte. J'avais une image en tête : tu serais le prochain Dan Gable. Il a gagné la médaille d'or aux Jeux olympiques de Munich en 1972, et je t'imaginais sur la même marche du podium.

J'adorais la lutte quand j'étais petit, et je t'ai donc poussé à l'aimer aussi. Ça n'a jamais marché !

Cela dit, tu as répondu à mes attentes pendant un moment, pour essayer de me faire plaisir. Je t'ai inscrit à quelques tournois de lutte, et j'ai été fier en te voyant placé quatrième... sur quatre marches.

Tu étais monté sur le podium, c'est tout ce qui m'importait ! Même ta sœur Nicola a tenté de t'aider à perfectionner tes mouvements en te montrant comment réaliser un fouetté sur une jambe pour mettre ton adversaire à terre. Là aussi, cela se termina sur une défaite avec blessure.

On a la vidéo. C'était dur, de te regarder te battre ainsi ; et encore plus pour toi de le faire ! J'ai su que mon rêve d'un nouveau Dan Gable était à mettre aux oubliettes lorsque Nicola s'est montrée plus capable que toi dans cette discipline.

Mais, en repensant à cette époque, il était évident que tu avais ton caractère à toi. Quand tu ne voulais pas faire quelque chose, il était inutile d'insister. Ton entêtement et ta nature fougueuse étaient d'autres facettes de cette volonté farouche, comme pourrait en témoigner ton jeune frère Brandon. Tu as défoulé sur lui pas mal de tes frustrations !

Colérique un instant, charmeur celui d'après, on ne savait jamais trop à quel Connor nous allions avoir affaire, mais ta personnalité drôle et dynamique te rendait populaire auprès de tes camarades de classe. N'importe comment, tu t'en sortirais à ta manière dans la vie ; ça, c'était certain. Rien ne pourrait t'arrêter.

Je ne suis pas étonné que tu sois devenu un phénomène YouTube brillant, inventif et malin. Tu as toujours su choisir ton chemin dans la vie et le tracer peu à peu, kilomètre par kilomètre. Tu ne peux pas imaginer combien je suis fier de l'homme que tu es devenu. Aucun mot, que ce soit en personne ou par SMS, ne pourra décrire fidèlement cette fierté.

Je t'embrasse,

Papa

Bien… Je peux sortir de derrière le canapé, maintenant ?

C'est drôle de lire ces témoignages sur la façon dont je me conduisais avant d'avoir des souvenirs. Alors, un grand merci pour votre contribution, maman et papa. Ce n'était pas si méchant, finalement.

Nous arrivons maintenant au stade où l'auteur passe normalement *des heures* à retracer les étapes de son enfance, à raconter d'innombrables épisodes censés mettre en lumière l'adulte qu'il ou elle est devenu(e). Seulement, mon esprit ne fonctionne pas de cette manière. Pour moi, l'enfance est une collection de souvenirs brefs et d'évènements marquants, dont certains pourraient sembler anodins à des inconnus, mais qui m'ont laissé une trace indélébile.

Les voici.

Quand j'avais...

Un an : Mon père m'a appris que dans la vie, il faut savoir se jeter à l'eau. Ma famille était en vacances dans notre cabane habituelle sur le lac White Earth. Avec beaucoup de précautions, et après avoir consulté un guide d'éducation des enfants réputé en 1993, il a décidé de me présenter à l'immense corps de l'élément eau en me jetant dans le grand bain. Super, papa, vraiment super. Bien entendu, il est venu avec moi – et je n'ai pas paniqué. C'est à ce moment qu'il a su que j'étais fait pour nager.

Quatre ans : J'ai cassé le bras de mon frère. C'était un soir normal dans la maison des Franta, c'est-à-dire dans un certain chaos. Mon petit frère Brandon n'arrêtait pas de m'embêter (autant que puisse le faire un petit de deux ans), et il a fini par me faire craquer. J'ai alors décidé de le pousser de la chaise sur laquelle il était perché. Il a vacillé, s'est mal réceptionné, et s'est cassé le bras gauche. Aujourd'hui encore, il ne cesse de me le rappeler.

Cinq ans : Mon père nous a montré, à mes frères, ma sœur et moi, les roses primées qu'il avait plantées, nourries et taillées à la perfection, insistant sur l'importance de toujours bien les arroser. Quelques jours plus tard, il m'a grondé en me trouvant en train de faire pipi sur ses rosiers. J'avais dû mal comprendre. Ne dit-on pas que, quand il faut y aller, il faut y aller ? Et puis, ces rosiers avaient l'air d'avoir bien soif !

Six ans : Sans vraiment le vouloir, j'ai fait du vol à l'étalage. Je suis entré dans une épicerie du quartier et j'ai été saisi du besoin irrépressible d'avoir un bonbon. Mes parents ayant dit non, j'ai défié leur autorité.

Alors que nous arrivions à la voiture, mon père a vu ce que j'avais fait et m'a traîné illico jusqu'au magasin – comme tout bon parent souhaitant marquer le coup – et m'a forcé à rendre le bonbon en grommelant des excuses. Pfff… Moi, je voulais juste un bonbon.

Sept ans : J'ai su ce que je voulais faire quand je serais grand : je voulais faire le même métier que mon père et aider les gens. Je serais donc docteur.

J'ai noté ça noir sur blanc, inscrivant mon objectif dans un devoir à rendre en classe.

Neuf ans : J'ai intégré une équipe de natation. C'est ma chère mère qui m'a inscrit. Étant un enfant plutôt replet et sédentaire, dont les principales activités étaient de manger et de dormir, disons que je n'ai pas sauté de joie au début. C'est donc à contrecœur que j'ai commencé à nager mes premières longueurs. À ce jour, je reste convaincu que c'était la façon subtile de ma mère d'inscrire son fils à un club de gros. Heureusement, ça a marché.

Dix ans : J'ai tué un écureuil sans le faire exprès. Nous étions encore en vacances d'été à la cabane du lac, et mes frères, ma sœur et moi étions équipés de lance-pierres. Impatient de m'entraîner, j'ai vu un petit écureuil monter à un arbre ; j'ai tenté le coup – sans croire que j'y arriverais – et je l'ai frappé en pleine tête.

Soudain, j'étais Legolas, du *Seigneur des anneaux*, ou Katniss, de *Hunger Games*. Cool ? Non. Je me suis senti super mal. Je l'ai enterré sur la plage, où j'ai convoqué toute ma famille.

When I grow up I want to be a doctor because I want to help people.

Douze ans : Je me suis enfui de la maison. Mon frère et moi nous étions disputés sur un sujet si dérisoire et insignifiant que je ne m'en rappelle même plus, mais le ton est vraiment monté, et j'ai enfourché mon vélo pour fuguer en me jurant de ne jamais revenir. Après avoir pédalé sur trois ou quatre kilomètres, j'ai commencé à être fatigué, à avoir faim et à m'ennuyer ; alors, je suis rentré. La vie tout seul, c'était trop dur.

Quatorze ans : Premier petit job à la piscine du quartier. J'étais ravi de travailler presque 20 heures par semaine, à empiler des bouées et tenir l'accueil dans l'espoir d'évoluer ensuite vers un vrai poste de maître-nageur. Rêve qui se réaliserait l'année suivante.

Quinze ans : J'ai reçu mon premier vrai baiser d'une fille. C'était dans le couloir, après les cours, et j'ai disparu comme un goujat l'instant suivant parce que ma mère venait d'arriver dans son mini-van. Ce baiser m'a laissé une impression bizarre ; je ne l'ai pas particulièrement apprécié. *Bon*, me suis-je dit. *Peut-être qu'avec le temps, je finirai par aimer ça.*

Seize ans : J'ai frôlé la mort. Ma sœur, mon grand frère et moi rentrions à la maison après un shopping de Noël de l'autre côté de la frontière du Wisconsin. Ma sœur conduisait. Alors que nous étions sur le pont traversant le Mississippi, on a glissé sur une plaque de verglas et dérapé de façon incontrôlée avant de heurter plusieurs fois les deux côtés de la structure en béton. La voiture était morte, mais nous avons eu de la chance. Depuis ce jour, ma sœur déteste conduire en hiver.

Dix-sept ans : La confiance de ma mère dans mes compétences athlétiques a payé : j'ai remporté mon premier championnat de natation. C'était un vendredi soir à la piscine du YMCA State Swim du Wisconsin, et je courais la longueur du mile (1,65 kilomètre). Après une course très disputée avec sept autres nageurs qualifiés, j'ai terminé, levé la tête vers le panneau d'affichage, et j'ai vu les mots : CONNOR FRANTA – 1RE PLACE. J'ai pleuré et mangé une plâtrée de spaghettis ce soir-là.

Degrés d'amitié

Allez, plongeons un peu dans un sujet que tout le monde s'accorde à détester : l'école.

Pour moi, l'école primaire peut se résumer en deux mots : un flou agréable.

Je n'ai jamais particulièrement aimé la routine un peu bêtifiante de notre système d'éducation. Vous ne m'entendrez jamais dire « la période de l'école est la meilleure de la vie » ; en même temps, je ne l'ai pas trouvée désagréable non plus. L'école, c'était l'école, cette transition nécessaire entre l'état d'enfant et d'adulte ; un pont que nous devons tous traverser (avec une certaine décontraction, en ce qui me concerne).

Je pourrais écrire moi-même le résumé de l'élève que j'étais : *Connor est facilement distrait ; il rêvasse constamment et, quand il ne rêvasse pas, il bavarde tout le temps. Malgré tout, il apprend très facilement.* Oui, je faisais partie de ces gamins énervants qui n'écoutent que la moitié du temps, retiennent quand même l'information et s'en sortent avec de très bonnes notes. Quand j'y repense, ce qui comptait finalement le plus pour moi à l'école était de développer mes centres d'intérêt et les amitiés que je nouais. Si vous avez vu mes vidéos, vous en aurez déduit à juste titre que je n'ai jamais eu de mal à me faire des amis en grandissant. Je peux parfois être assez direct et je suis très abordable. Je suis aussi un chouïa séducteur. Alors, oui, j'ai des amis, et, non, je ne passe pas ma journée assis devant mon ordinateur.

Je suis allé à l'école catholique St Peter's de la maternelle à la troisième. Vu de l'extérieur, ce petit bâtiment de briques rouges perché au coin d'une rue ressemble à une église, probablement parce que c'est à moitié une église et à moitié une école ; logique. C'est le cœur de la communauté de Hokah, dans le Minnesota (population : 543 habitants). Non, non, ce chiffre n'est pas bidon. Pas plus que si je vous dis qu'il n'y avait que 60 élèves dans mon école et 5 dans ma classe.

Eh oui, cinq : Glen, Vince, Andy, Jacob et moi, chacun derrière notre vieux bureau en bois. Pensez à *La petite maison dans la prairie* et vous aurez le tableau. Ceci explique aussi peut-être pourquoi mes années de scolarité ont été si incroyablement calmes. J'ai rapidement été frustré de n'avoir que quatre copains de classe avec qui traîner, et ma frustration s'est bien fait sentir.

TIME CAPSULE

Fill in the information below.

Date _March 6th 2007_

Name _Connor Franta_

Age _14_

Address _____

Grade _8th_

My school name _St Peter's School_

My friends' names _Everyone_

My favorite teacher _There all OK._

My favorite subject _Math_

My favorite pet _My cat, Sam_

My favorite sport _Swimming_

My favorite TV show _Charmed_

My favorite games _Boulderdash_

My favorite Internet site _I don't have one_

My favorite instrument _None_

My favorite car _I don't Know_

My favorite color _All_

My favorite hobbies or interests _Sports_

When I graduate from high school I want to: _Go to college and_
Study something in the Medical department.

_____

— Tu es devenu un vrai fripon en grandissant, aime encore me rappeler Mme Lewis, ma maîtresse de primaire.

Et elle est bien gentille en disant « fripon » ! Je parierais que la moitié des profs que j'ai eus mouraient d'envie de partir en retraite chaque fois que notre bande de cinq déferlait dans leur classe (une minitornade, certes, mais causant pas mal de dégâts). J'ajouterais cependant que St Peter's m'a très favorablement influencé en valorisant la gentillesse, l'intelligence et une morale saine. CONDUIS-TOI AVEC LES AUTRES COMME TU AIMERAIS QU'ILS SE CONDUISENT AVEC TOI était la règle d'or inscrite sur le mur de la cage d'escalier. LISEZ-LA. APPRENEZ-LA. VIVEZ-LA ! Elle faisait aussi écho à ce que mes parents m'inculquaient. On attendait principalement de moi que je sois un « bon garçon ». Et, même si je ne l'ai pas tout de suite compris, je pense que c'était une bonne ligne directrice. Il m'a fallu plusieurs années pour que j'intègre vraiment le message de cette règle morale, comme pourrait en témoigner mon ami Jacob.

Un jour d'hiver, dans la cour enneigée de l'école, Jacob a mal parlé à Mme Lewis, qui surveillait les 60 enfants jouant au loup ou construisant un château dans la neige. Pour le punir de son insolence, elle l'a assigné à rester assis pendant 15 minutes devant un mur dans un coin de la cour.

— C'est pas juste ! répétait-il sans cesse, et j'étais d'accord avec lui.

La plupart des enfants se contenteraient de rire, regarderaient leur copain partir au coin et repartiraient jouer avec les autres dans la neige. Mais non. Pas moi. Jacob était mon meilleur ami. Je ne pouvais pas le laisser là, à mourir soit de froid soit d'ennui sous mes yeux ! Empli d'un esprit de loyauté, j'ai avancé vers le mur avec la ferme intention de rester près de lui tout le temps de sa punition. Mais Mme Lewis m'avait vu venir et est intervenue :

— Allez jouer, monsieur Franta, dit-elle. Cette zone est hors périmètre de jeu.

— Je peux quand même y aller avec Jacob ?

— Non, répondit-elle. Cet endroit est réservé aux enfants qui sont punis.

— D'accord, ai-je dit.

Le génie du mal s'éveilla soudain en moi. Je ramassai une poignée de neige, en fis une boule bien ronde et bien tassée et la lançai en pleine face du premier gamin qui eut la mauvaise idée de passer par là. BAM ! Dans le mille.

Sur ce, je me tournai immédiatement vers Mme Lewis.

— Oups ! Je crois que je vais être puni, moi aussi.

Quand je vous dis que le petit Connor était un vrai démon.

Évidemment, Mme Lewis se fâcha et m'envoya dans le coin des punis, où je me retrouvai devant le même mur que Jacob. Cet acte consolida une amitié qui dure encore à ce jour. Soyons clairs : je ne dis pas qu'il faut envoyer une boule de neige dans la tête d'un pauvre enfant qui n'a rien demandé pour se faire vraiment des amis – à moins que… ? Non. Non.

Je ne crois pas que…

Non, ce que je veux dire dans cette histoire, c'est qu'il n'y a que quelques rares personnes, du passé ou du présent, pour lesquelles j'irais jusque-là. C'est ce que l'école m'a vraiment appris : la nature durable de l'amitié. Comme il est précieux de grandir et de partager une histoire commune avec quelqu'un ! En vieillissant, je me rends compte que les amitiés remontant à l'enfance me semblent encore plus riches et irremplaçables. L'amitié. Voilà un sujet intéressant. J'ai toujours donné l'impression d'avoir beaucoup d'amis, mais les apparences peuvent être trompeuses. Certes, je connais beaucoup de gens à qui je dis bonjour en les croisant dans la rue, à qui j'envoie un texto pour dire qu'on devrait prendre un café, ou à qui je souhaite un bon anniversaire sur Facebook ; mais où cela les place-t-il en termes d'amitié ?

Pour moi, il y a des degrés d'amitiés bien distincts :

Meilleur ami :

Une personne extrêmement proche avec qui l'on peut tout faire, parler de tout, se confier et faire tout un trajet en voiture sans se parler. On considère ces personnes comme faisant partie de notre famille.

Bon ami :

Une personne avec qui l'on apprécie de passer des moments en tête-à-tête pendant une durée assez longue et que l'on voit à peu près régulièrement ; on partage des expériences ensemble, mais pas forcément ses secrets ou ses gros problèmes.

Copain :

Quelqu'un avec qui l'on traîne de temps en temps dans un groupe.

Connaissance :

Quelqu'un dont on connaît le nom et à qui l'on dit bonjour, mais pas beaucoup plus.

Étrangers :

Le reste du monde (et tous vos amis potentiels).

Je préfère avoir un seul très bon ami que cent copains ordinaires. L'important n'est pas la quantité, mais la qualité.

Récemment, et plus clairement que jamais, j'ai pris conscience que j'avais trois meilleurs amis, une douzaine de bons amis, tout un tas de copains, et un tas encore plus gros de connaissances, ainsi que des milliards d'étrangers dans ma vie.

Évaluer où se situent les gens dans votre vie et ce qu'ils représentent vous aide à déterminer qui vous estimez le plus et, par conséquent, avec qui il vaut mieux passer son temps. Pour être honnête, j'avoue que j'ai peu de vrais proches. Cela m'a un peu effrayé quand je m'en suis rendu compte, au début, mais, bizarrement, cela m'a aussi réconforté. Vous voulez savoir pourquoi ? Eh bien, je vais vous le dire.

Les amis ne sont pas des numéros. On ne peut pas collectionner les relations. On ne peut pas sortir, un jour, comme ça, et dire « Hé ! j'ai besoin d'amis » (comme on fait son shopping en écumant les réseaux sociaux).

Ne comptez pas le nombre d'« amis » que vous avez sur Facebook ou ceux qui vous suivent sur Twitter, Tumblr ou Instagram. La véritable amitié se fonde sur des souvenirs, des expériences et des problèmes partagés. C'est un lien qui se construit en personne avec le temps, pas un compte virtuel sur Internet. Vous ne la trouvez pas ; c'est elle qui vous trouve. Une relation se noue, on se découvre des centres d'intérêt communs, et vous réalisez que ce lien est la chose la plus proche de l'amour. Oui, c'est ça : la véritable amitié est une histoire d'amour sans sexe ni séduction. Elle ne juge pas, ne commère pas, ne s'écaille pas, ne rend pas jaloux. Elle reste avec vous pour le meilleur et pour le pire. Elle vous soutient quand vous êtes au fond du trou et se réjouit avec vous de vos victoires. Elle vous permet d'être vous-mêmes, bons ou mauvais. Et c'est une voie à double sens : on reçoit et l'on donne à égalité.

En vieillissant, vos objectifs de vie vous éloigneront parfois de vos amis les plus proches. Littéralement. Deux de mes meilleurs amis vivent maintenant dans un autre pays que le mien. Vous vous dites sûrement qu'il doit être difficile d'entretenir ces relations. Eh bien, pas du tout. Ce qu'il y a de mieux, avec les vrais amis, c'est qu'on peut maintenir la relation même à distance. À notre époque, nous avons Skype, FaceTime, les textos, les messages audio, les MMS, et tous les réseaux sociaux possibles et imaginables. J'envoie de petites photos à mes amis presque tous les jours, et nous nous passons un appel vidéo chaque semaine. Ce n'est vraiment pas compliqué. Nous parlons de tout et de rien. Avec eux, je peux partager mes secrets les plus intimes et les plus sombres sans avoir peur d'être jugé. C'est même ça le plus important. Et quand nous avons le luxe d'être au même endroit, nous reprenons les choses comme si nous ne nous étions jamais quittés. Franchement, peu importe où nous sommes ou ce que nous faisons ; il est si bon d'être simplement ensemble que le reste compte bien peu.

Qu'il s'agisse des amis avec qui vous avez déjà fait du chemin ou de ceux qui vous attendent dans les prochaines années, la valeur de l'amitié est unique. Soyez également conscients que certaines personnes ne vous aimeront pas et que vous n'aimerez pas tout le monde non plus. Ce n'est pas un problème. Ce qui compte, c'est de rencontrer des gens avec qui vous avez des affinités, qui vous acceptent tels que vous êtes et feront tout pour vous lorsque ce sera nécessaire. Même si ça implique de lancer une boule de neige dans la figure d'un pauvre gamin et de rester assis dans la neige devant le mur d'une cour de récré.

Contempler la lune

Je me souviens de fraîches nuits d'automne ou quelques amis et moi allions dans un parc non loin de chez moi. Il y avait une aire de jeux droit devant, un terrain de base-ball à droite et un terrain de foot à gauche. Nous nous dirigions presque toujours vers le milieu du terrain, qui semblait plus sombre et plus calme, et nous nous allongions dans l'herbe, les mains croisées derrière la tête, pour contempler le ciel quand il était clair.

C'était l'une des choses que je préférais faire quand j'étais ado. Et ça l'est toujours.

Allongé là, j'avais l'impression que le silence perçait le moindre de mes pores, de mes pensées, de mes sens. Dans le Minnesota, quand les nuits sont froides, on peut voir toutes les étoiles scintiller dans le grand vide au-dessus de nous. Ce n'est pas seulement époustouflant visuellement ; cela change toujours ma perspective sur les choses en me rappelant combien nous sommes petits sur la terre, de minuscules points dans une ville minuscule sur un globe minuscule suspendu dans un immense univers. Nous sommes vraiment infiniment petits dans l'immensité qui nous entoure.

Je sais que cette expérience rappelle beaucoup *Nos étoiles contraires*. Si vous avez lu le livre ou vu le film, vous devez être en mesure d'imaginer la scène. Dans ce cas, je suis Shailene Woodley. Mais surtout, tout côté romantique mis à part, c'est une super façon d'être avec ses amis, de réfléchir et de s'ouvrir. Quand je suis avec mes amis, le plus souvent, nous parlons de tout et de rien pendant environ une heure. Rien d'autre n'a d'importance. Tous les sentiments, émotions, opinions et pensées sont accueillis avec bienveillance. Sans jugement. J'adore ces longues soirées au parc. Elles rafraîchissent mon âme et améliorent ma vision du monde.

Ne rien rater

Je déteste manquer des occasions. J'ai toujours été comme ça, et je le serai sans doute toujours. Je me souviens d'avoir éprouvé cela tout particulièrement quand j'étais plus jeune, comme cette histoire va le montrer.

J'ai huit ans, c'est le week-end, et toute la famille est à la maison, sans faire grand-chose de particulier. Mon père, en bon papa qu'il est, décide de m'accorder une sortie, rien que lui et moi. Je suis en train de jouer dans ma chambre quand il entre, tout souriant, impatient de se lancer dans l'idée qu'il a en tête.

— Connor ! Que dirais-tu de partir avec moi au lac, de pêcher un peu, puis de manger une glace ?

Pas mal, me dis-je. Mais il y a un « mais ». L'air un peu sceptique, je lui réponds :

— Euh, et que vont faire les autres pendant qu'on sera partis ?

Mon père rit.

— Ça, je ne sais pas ! Ce que je sais, en tout cas, c'est qu'ils s'amuseront moins que nous.

Voilà exactement ce que je voulais entendre.

— D'accord, je réponds. Je ne veux pas qu'ils s'amusent et qu'ils fassent quoi que ce soit pendant qu'on y sera. Ils n'ont qu'à rester assis sans bouger.

Mon père a dû trouver cette remarque drôle sans que je le fasse exprès, mais je pensais vraiment ce que je disais. Je ne voulais *pas* que les autres s'amusent avant notre retour, juste parce que je ne serais pas là pour partager leurs jeux. Quel petit salopard je faisais !

Je ne ratais pourtant pas beaucoup d'occasions… Et, malgré tout, ça me travaillait chaque fois.

Ce qui est drôle, c'est que je suis encore comme ça aujourd'hui (pas jusqu'au côté salopard ; plutôt le côté ne-vous-amusez-pas-quand-je-ne-suis-pas-là). L'idée que mes amis ou ma famille prennent du bon temps en mon absence me file carrément les chocottes. (Soit dit en passant, existe-t-il encore quelqu'un sur terre qui utilise l'expression « avoir les chocottes » ? Normalement, je ne dis pas ça. Mais… qui suis-je ? Qui êtes-vous ? Qu'est-ce que je fais ici ???? LAISSEZ-MOI !)

En tout cas, je me suis souvent interrogé sur ce trait de ma personnalité. Récemment, un ami m'a un peu éclairé à ce sujet :

— Oh ! tu as le FOMO, m'a-t-il dit comme s'il s'agissait d'un diagnostic médical tout à fait courant.

— J'ai quoi ? ai-je répondu, me demandant si j'avais une maladie mortelle.

— Le syndrome FOMO[1]. La peur de manquer quelque chose.

Il ne plaisantait pas. Ça existe dans certains dicos. C'est écrit. Vous n'avez qu'à vérifier.

Alors que le syndrome OVUF (« on ne vit qu'une fois ») évoque, lui, au contraire, la tendance à s'éclater tout le temps, le FOMO est son exact opposé, et j'ai ce truc en moi. Je sais que je ne suis pas le seul dans ce cas. Nous l'avons tous plus ou moins ressenti, surtout quand on est resté chez soi un soir de week-end et qu'on voit ses amis poster des photos de leur dernière sortie sur les réseaux sociaux et qu'on bout de jalousie.

---

1. *Fear of missing out.* (NDT)

Les réseaux sociaux multiplient cet état par dix. Tout le monde poste sans arrêt des photos ou messages en temps réel pour que les autres voient qu'ils s'amusent ; on sait donc constamment ce que l'on rate. Je sais précisément où et quand ma famille, mes amis et mes connaissances prennent un verre ou un hamburger qui bouche les artères. C'est terrible. Aucun lieu virtuel n'est sûr. Il ne faut plus aller sur Internet. On se retrouve forcé à faire des choses comme…, comme… lire un *livre* !

J'ai reconnu cette malédiction sociale dès que mon ami en a fait le diagnostic. Soudain, il y avait des mots de posés sur ce sentiment bizarre auquel je m'étais peu à peu habitué. *Oui, ça se tient,* me suis-je dit. Après avoir profondément réfléchi à ce que cette révélation impliquait, j'ai vite repéré d'où ce sentiment pouvait provenir : le syndrome du cadet. (On peut toujours accuser quelqu'un ou quelque chose d'autre, pas vrai ?)

Je suis en milieu de fratrie ; et ça, ça craint. On n'a ni la responsabilité qui revient à l'aîné ni les privilèges du petit dernier. On n'a QUE DALLE. Pas d'étiquette. Pas d'identité. Sans parler de mon autre cadette. Nicola, elle, au moins, était la seule fille de la famille. Vous voyez ? Que dalle, je vous dis ! On est l'enfant du milieu, coincé dans l'ordre des choses. On est comme l'Idaho par rapport à New York et Los Angeles. Le verre moyen entre le grand et le petit. (En fait, j'aime bien boire dans un verre de taille moyenne, pour être honnête, mais vous voyez ce que je veux dire.)

Ah ! quelle dure vie que celle du cadet ! Un peu de compassion pour nous, d'accord ? D'ACCORD ?!! D'accord.

Depuis lors, ma mère m'a confirmé que, lorsque je devais aller quelque part, je répondais presque systématiquement : « Et les autres, qu'est-ce qu'ils vont faire ? »

— Nous avons remarqué un changement dans ton caractère après la naissance de ton frère Brandon, et cela a coïncidé avec notre déménagement à La Crescent, quand tu avais deux ans, m'a-t-elle dit récemment. Papa et moi essayions de passer du

temps seul à seul avec toi, mais tu avais toujours peur de manquer quelque chose à la maison. Personne n'avait le droit de s'amuser si tu n'étais pas là !

Mes pauvres parents. Qu'est-ce que je leur ai fait subir ?!

Mais cela me travaillait vraiment. J'avais une telle peur d'être délaissé que, même quand on ne me délaissait pas, j'avais peur de rater une autre occasion.

Évidemment, ma place dans la famille n'était pas aussi mauvaise que je viens de le décrire. Je n'ai qu'un peu forcé le trait sur le négatif (parce que j'aime bien en rajouter un peu, vous le savez). Ce qui ne signifie pas pour autant que mon angoisse n'était pas réelle. Il y a eu des moments où j'ai passé davantage de temps à m'inquiéter de rater quelque chose qu'à apprécier ce que j'avais devant moi. Et c'est là que se trouve la leçon à retenir, mes amis.

Dans la vie, on devrait se préoccuper de vivre l'instant présent plutôt que de s'inquiéter de ce qui se passe plus loin. À tout moment, il faut rendre honneur à ce que l'on a envie de faire, quoi que fassent les autres. Il ne sert absolument à rien de s'en faire pour ce qui est hors de notre contrôle.

En mûrissant, j'aimerais pouvoir me dire que mon FOMO est désormais sous contrôle, mais j'avoue qu'il est toujours là. Je ne peux toujours pas réprimer une certaine frustration quand je vois mes amis faire un truc sympa alors que je suis seul chez moi. Mais là, je me dis tout de suite : *Eh ! si tu n'as pas envie d'être seul, ne reste pas seul, imbécile. Envoie un message à un ami et sors faire quelque chose.* C'est aussi simple que ça. Si quelqu'un me répond, je suis très heureux de vivre ce moment avec cette personne. Sinon, je profite de ce temps de solitude et j'apprécie le silence. J'ai également appris que c'était très bien de faire ça – être seul, je veux dire. Ça me donne une bonne excuse pour m'adonner à mon addiction à Netflix. Tout le monde est gagnant.

En gros, j'apprends à apprivoiser le démon de la jalousie qui me suit depuis mon enfance. Il y a eu d'innombrables occasions où, rongé par une angoisse inexplicable, j'ai détesté être là où j'étais parce que je savais – ou croyais – que je serais mieux ailleurs. L'enfant cadet relevait la tête et commençait à regarder autour de lui, un peu fébrile. Dans des moments pareils, aujourd'hui, je considère que j'ai deux options :

1. Remédier à cette situation désagréable en m'autorisant à prendre du bon temps.

2. Faire un effort pour être là où je veux être et ne pas perdre mon temps ailleurs.

Depuis peu, je ne ressens plus la peur de manquer une occasion si je ne m'imagine pas un autre endroit où je pourrais être. C'est simple, finalement. On ne peut pas tout faire, on ne peut pas être partout. Si l'on veut passer un bon moment, à nous de le créer ! Si vous avez envie de vous asseoir pour vous morfondre sur l'ennui qui règne dans votre vie, très bien ! Allez-y à fond. Je sais que ça a l'air bizarre, un peu noir et antisocial, comme attitude, mais je suis passé par là. Je me suis inquiété pour rien. Le doute, l'inconfort, le refrain me demandant ce qui se passait de mieux ailleurs, tout ça, c'était dans ma tête. Une totale perte d'énergie. Alors, voilà. Pour moi, le FOMO, c'est FINI. Je vous suggère d'en faire autant.

I'm looking forward to graduating this year. I think it will be fun going to high school. I'm looking forward to all the fieldtrips this year; like skiing and going to Valley Fair. I'm not looking forward to the huge history tests.

From,
Connor

High school will be fun for you, and so will this year!!
Mrs. Fishe

Les bizarreries du lycée

Après neuf ans d'éducation à l'école de St Peter's, il était grand temps que je bouge de là pour passer à l'étape supérieure : le lycée. (Gros zoom, cris de terreur et musique de film d'horreur en fond sonore.) J'ai quitté mon établissement catholique avec la tête bien vissée sur mes épaules et une réputation convenable, mais le changement n'en fut pas moins considérable, même si je restais à La Crescent. Je suis passé d'un univers de 60 élèves à 500, d'une humble bâtisse en briques à un complexe avec des couloirs propres à chaque niveau et des dizaines de professeurs. Tout était à une autre échelle, mais au moins le lycée n'était-il qu'à trois kilomètres de chez moi. C'est toujours pratique, quand c'est pratique !

En franchissant les grilles du lycée, le premier jour, j'ai été surpris par la facilité avec laquelle j'ai vécu tout ça. En fait, je n'étais pas du tout impressionné. Je me réjouissais même du changement parce que je croyais ce que les profs disaient : tout mon avenir était devant moi.

Nicola, déjà lycéenne, m'a accompagné pour mon premier jour, ce qui m'a aussi sûrement aidé à me détendre. Pendant le trajet, je me posais tout de même certaines questions. *Est-ce que ce sera comme dans les films, avec des petits caïds, des terminales qui font peur, des déjeuners horribles à la cantine et des tonnes de travail à la maison ? Pas sûr. Est-ce que je me ferai facilement des* amis ? Probablement. *Est-ce que ça va être les plus belles années de ma vie ?* J'espère bien que non ! Mais ces questions sont vite tombées dans l'oubli en se mesurant aux problèmes bien plus considérables qui me sont vite tombés dessus : oublier le code de mon casier, ne pas réussir à retrouver mes salles de classe ou me retrouver tout seul à déjeuner. Chienne de vie, non ? Mais on passe tous par là au lycée, je pense : tout exagérer et s'inquiéter de choses auxquelles on ne peut rien.

On aurait tous besoin de se calmer un peu !

Pendant cette première année de lycée, j'entrais dans la phase hyper délicate où tout est amplifié et disproportionné.

Je ne savais pas comment me conduire socialement en dehors des relations avec mes amis, et je ne pourrais pas dire que j'étais l'élève le plus sociable qui soit.

Je me souviens de la première fois où j'ai pris la parole devant la classe pour un exposé en classe de seconde ; et je vous garantis que je transpirais à grosses gouttes. J'ai toujours eu peur de m'exprimer en public – comme la plupart des gens, je pense. Il est difficile d'avoir confiance en soi quand on est debout, seul, devant une salle pleine de gens qui vous fixent et guettent le moindre mot de travers. J'en tremble encore rien que d'y repenser. Je DÉTESTE ça. Être le centre de l'attention de cette manière-là me met directement des palpitations.

Aujourd'hui encore, je suis très nerveux quand je dois parler devant beaucoup de monde. Ce n'est pas du tout pareil qu'une vidéo sur YouTube, que je peux filmer, monter et partager dans le confort et la sécurité de mon appartement. Quand on parle en public, les gens sont juste devant vous. Avec le temps, j'ai fait des progrès dans ce domaine, mais je ne suis toujours pas à l'aise dans cet exercice. Bref, revenons à nos moutons.

Je suis donc allé devant ma classe pour présenter mon exposé, j'ai dégluti péniblement, ouvert la bouche et lâché un « Bonjour à tsrpfkvm » tandis que ma voix déraillait de la pire façon imaginable. Tout le monde a rigolé, et je suis devenu plus rouge qu'une tomate. J'ai quand même réussi à dire ce que j'avais à dire, je m'en suis sorti avec la moyenne, et ma vie a continué. Ce qu'il y a de drôle, quand je repense à cet horrible moment, c'est que mon métier est maintenant de parler. Cela aurait pu réduire à néant toute ma confiance en moi, mais j'ai dû le dépasser pour pouvoir avancer. À ce jour, ma voix me trahit encore un peu, mais j'ai appris à m'en servir, à faire quelques petites blagues d'autodérision et à continuer quand même. Certaines choses ne changeront jamais vraiment. Par contre, on peut contrôler notre façon d'appréhender l'importance qu'elles ont. Et alors, ces gros trucs qui vous angoissaient deviennent soudain dérisoires. À côté de mes embarras d'adolescent, j'étais un garçon plutôt gentil et bien élevé. Il était rare que j'aie de mauvaises notes en classe et que l'on me prenne pour autre chose qu'un ange d'innocence.

Mais le lycée m'a montré quelle vie protégée j'avais eue jusqu'alors. Je voyais des jeunes se rebeller, je les entendais jurer. Et je n'avais aucune idée de ce que pouvait être cette « herbe » dont tout le monde parlait. En brave petit gars, je me promenais au milieu de tout ça en me disant : *C'est donc ça, la vraie vie* ? Je n'étais jamais vraiment sorti avec une fille, je ne disais presque jamais de gros mots, n'avais jamais bu une goutte d'alcool et encore moins touché à la moindre drogue. Mais, bien sûr, la pureté ne dure pas éternellement, et je me retrouvai vite entraîné dans ce nouveau monde d'angoisses adolescentes et de rébellion. Bon. Là, je donne peut-être l'impression d'être tombé dans la drogue et d'avoir couché avec tout ce qui bouge, mais non ! Ce n'était pas du tout le cas. Simplement, j'ai découvert le monde, comme une fenêtre dont on ouvre les volets. En bon garçon raisonnable que j'étais, je n'ai jamais vraiment goûté aux « mauvaises » choses qui circulaient autour de moi, mais disons que j'ai ouvert les yeux sur ce que c'était.

Le fait d'y être ainsi exposé dut quand même finir par déteindre un peu sur moi, car, au fil de ma première année de lycée, les choses commencèrent à changer, et mon rebelle intérieur se mit à émerger. Je me moquais que mes devoirs ne soient pas faits à la perfection. Je sortais tard avec des amis, même en semaine. Je suis aussi allé à quelques fêtes, vous vous rendez compte !

En tout cas, on peut dire que je suis sorti de ma coquille. Et je ne le regrette pas, bien que j'aie fait quelques trucs qui ne correspondaient pas vraiment à ce que j'étais – conséquences de mes tentatives d'insouciance. J'ai raté plusieurs examens, j'ai dû rattraper mon retard dans nombre de matières et je suis sorti bien plus tard que ce qui était convenu. Mes parents ont fini par avoir une petite conversation avec moi à ce sujet, conversation durant laquelle j'ai pris conscience que tout ça n'était pas vraiment moi. Ma phase *bad boy* n'était vraiment rien par rapport à ce que vivaient certains autour de moi (vous auriez du mal à croire certaines horreurs que j'ai vues ou dont j'ai entendu parler), mais ça ne m'allait tout de même pas. Je commençais à me dire que j'étais mal parti et je savais que je devais revoir mes priorités. C'est du reste ce que j'ai fait.

Je suis donc revenu à l'ancien moi.

C'est aussi ça, le lycée. On est exposé à des éléments non familiers et on essaie de trouver qui l'on est dans tout ça. On explore, on prend de mauvaises décisions et on apprend de nos erreurs. Je n'ai peut-être pas commis le genre d'erreur qui fait basculer une vie, mais j'ai vu plusieurs amis être confrontés aux conséquences de certains mauvais choix. Alors, j'ai regardé et appris au lieu de commettre ces erreurs moi-même. Comme tout environnement nouveau, le lycée peut être déstabilisant au début, mais cela fait aussi partie du défi de l'adolescence : être capable de s'adapter. J'ai remarqué que les gens avaient tendance à se regrouper en bande autour de leurs amis du collège, ce qui ne m'arrangeait pas, puisque je ne venais pas de la même école qu'eux. Heureusement, j'avais mes potes du sport et je me suis dit que, si je me ralliais discrètement à eux, ils finiraient par me présenter à leurs amis, et je m'en ferais alors à mon tour.

Mon plan a marché.

Ce n'était pas si horrible que ça d'être nouveau dans ce lycée. Lors d'un de nos premiers matches de foot, quelques semaines après la rentrée, une fille est venue me dire :

— Tout le monde ne parle que de toi, Connor !

— Hein ? Quoi ?! ai-je fait. Pourquoi ?

— Je ne sais pas ! Les filles disent toutes que t'es mignon, bon en sport, et tout.

Drôles de critères pour apprécier quelqu'un, me suis-je dit. *Mais je suis preneur !*

Si elles avaient su à quel point je ne me sentais pas cool du tout ! Mais, bon, j'étais partant pour faire semblant, du moment que c'était bon pour mon statut social. Et c'est exactement ce que j'ai fait au lycée. Faire semblant jusqu'à y arriver pour de vrai.

Et improviser. J'ai énormément improvisé. C'est l'inconvénient, quand on grandit. Il faut beaucoup faire semblant. On se conduit souvent comme quelqu'un d'autre, parce qu'on n'est pas à l'aise avec la personne qu'on est réellement. « Sois toi-même », nous répètent souvent les parents et les grands-parents ; c'est plus facile à dire qu'à faire. Apparemment, on doit grandir avant de pouvoir penser à s'épanouir. Il m'a fallu des années pour comprendre et intégrer ça.

J'ai adoré ce que cette fille m'avait dit parce que j'avais cruellement envie qu'on me considère comme un mec cool, même si c'est un cliché total. Je me préoccupais bien trop de ma façon de m'habiller, de parler. Oui, je me souviens très bien que je commençais même à me soucier des mots qui sortaient de ma bouche : étaient-ils assez cool ?

L'idée de ne pas être accepté m'effrayait. *Aie l'air cool et sois cool*, me disais-je tout le temps. Après deux expéditions au centre commercial voisin et quelques allers et retours dans les cabines d'essayage (il n'y avait en tout et pour tout que trois boutiques, mon nouveau style était donc limité), ma mère (ma styliste attitrée et gourou de la mode) m'avisa de la tête aux pieds et jugea avec moi que mon nouveau look était le bon.

J'en étais très content moi-même : un jean plus étroit, des chaussures qui n'étaient pas destinées au sport, et un tee-shirt avec motif graphique. Oui, ils faisaient leur grand retour, à l'époque (ne me regardez pas comme ça !). Je me sentais prêt à affronter cette zone de jugement impitoyable qu'est une cour de lycée. Mon faux cool était tellement au point que j'avais l'impression d'avoir une armure – une armure de confiance. Je me disais que, si je ne faisais pas l'unanimité, je digérerais quand même les regards méprisants si redoutés et les compliments hypocrites. En fin de compte, je reçus surtout des regards approbateurs et remarquai même quelques chuchotements d'admiration. Du moins, je le crois. Si ça se trouve, tout le monde me trouvait naze et pensait que j'en faisais trop. Quoi qu'il en soit, je ne veux pas le savoir maintenant.

Mine de rien, toute cette pression qu'on subit en grandissant – et surtout celle qu'on s'impose soi-même – n'est pas marrante. On ne peut pas marcher dans un parc sans croire que tous les yeux sont rivés sur vous, alors que dans 99 % des cas, ils ne le sont pas.

Chaque sexe a ses difficultés. Les garçons doivent se hausser au rang d'hommes forts et athlétiques, alors que les filles croient devoir être des robots tout mignons, bien habillés et sans défaut. C'est à la période du lycée que sont semées les premières graines déterminant ce que doivent être la féminité et la virilité – comment devraient être les femmes et les hommes. La vérité, c'est que personne ne DOIT être comme ci ou comme ça. Un jour, on quitte l'école, on regarde en arrière, et on se rend compte à quel point il était idiot et inutile de focaliser là-dessus.

Les filles peuvent être des athlètes. Les garçons peuvent être sentimentaux. Les filles peuvent être intellos. Les garçons peuvent être créatifs. Et vice versa. Le genre se limite uniquement à nos organes reproducteurs (et parfois, même pas), pas à nos centres d'intérêt, nos goûts, nos objectifs, nos ambitions. Les garçons ont besoin d'énergie féminine autant que les filles ont besoin d'énergie masculine pour faire leur chemin dans la vie. Voilà des choses qu'on n'écrit pas au tableau noir avec une démonstration mathématique.

J'ai ressenti cette pression quand j'étais adolescent. Dans mon école, il aurait été mal perçu d'être efféminé. Qu'il s'agisse de s'habiller bien, d'aimer l'art ou d'être un peu exubérant, je devais sans cesse faire attention à la façon dont je me conduisais, de peur d'être perçu comme trop féminin.

Dans mon expérience personnelle, la structure sociale que suivent la plupart des gens sans s'en rendre compte est trop noire ou blanche pour que garçons et filles osent franchir la ligne de démarcation des normes de chaque sexe. J'ai trouvé épuisant de devoir faire semblant d'être macho, d'aimer le foot et de mépriser tout ce qui était artistique. Ce n'était pas moi.

La première fois que je me suis rendu compte que j'aimais l'art – et que l'art peut être amusant –, j'ai hésité à suivre cette envie parce que je ne voulais pas qu'on me catalogue comme efféminé juste parce que j'étais créatif. J'ai donc réprimé mon côté artiste et me suis refusé les choses que je souhaitais faire : le théâtre, les cours d'arts plastiques, les ateliers divers. J'avais peur de participer à ces activités à cause du regard qu'on porterait sur moi. Il m'a fallu des années pour dépasser ça et commencer à le faire. C'est vraiment dommage.

Aujourd'hui, quatre ans après le lycée, je suis dans un environnement où les gens apprécient la personnalité plus que l'apparence, et j'en suis bien content. D'un point de vue culturel plus large, certains critères superficiels sont en baisse à l'heure où ce qu'on appelle des « personnalités alternatives » deviennent plus connues, mais il reste encore du boulot. Notre société n'aura vraiment progressé que le jour où nous accepterons que l'important se trouve à l'intérieur, non à l'extérieur.

LCHS homecoming royalty crowned

Connor Franta and Libby Kathan were named 2010 La Crescent High School homecoming royalty Monday. Homecoming concludes with Friday's football game.

RYAN HENRY/HOUSTON COUNTY NEWS

Un garçon anxieux
et sa couronne en plastique

Je suis assis sur une scène dans la salle de spectacle de mon lycée, et l'ensemble des élèves me fixe, jaugeant mes capacités de roi. Dieu merci, aucun membre de ma famille n'est là, ce qui ne ferait qu'ajouter à ma nervosité. Près de moi, dans ce théâtre improbable, cinq autres élèves sont emplis du même stress, pour ne pas dire de la même frayeur. (Certains jouent dans le théâtre de l'école ; d'autres sont des sportifs stars et adorent être sur une scène.)

Nous avons tous été nominés pour le titre de roi du *homecoming*[1], et, aujourd'hui, c'est le jour du « couronnement ».

L'automne touche à sa fin, et la fraîcheur de l'air ne m'aide pas à maîtriser un léger tremblement. Tous les fauteuils de la salle sont pleins, et je déteste être ainsi observé. Je n'ai pas envie d'être ici. Je n'ai pas envie de gagner ce titre et d'être « couronné » devant 500 personnes. Ce serait une torture. Cruelle. Bon, d'accord, ce n'est pas si terrible, mais vous pouvez imaginer combien ce genre de situation me met dans tous mes états.

Depuis deux semaines, mon nom est affiché partout dans le lycée. Je vois des gens regarder la boîte à côté de mon nom,

---

1. Le *homecoming* est une fête organisée dans les écoles américaines lors du premier trimestre afin de souhaiter la bienvenue aux nouveaux et fêter le retour des anciens élèves. (NDT)

celle où ils peuvent dire qu'ils me préfèrent aux autres candidats. Plusieurs élèves m'ont chaudement félicité après ma nomination.

— J'espère que tu vas gagner ! s'écrient-ils, tout excités.

Ouaip. Gagner quoi ? Une couronne en plastique ? Génial.

En regardant mon travail sur Internet, on pourrait croire que je suis un grand extraverti. Et vous n'auriez pas tort à 100 % – en fait, 62%, pour être précis. Simplement, il y a un certain type d'attention qui me gêne. D'accord, j'adore sortir, discuter et échanger avec les gens, mais seulement quand je peux m'exprimer, quand je me retrouve dans une pièce pleine de gens se nourrissant chacun de leur énergie positive.

Se retrouver assis sur une scène pour être jugé, ce n'est pas la même chose.

Je me dis que, si je gagne, je vais me la jouer façon Cady Heron dans *Lolita malgré moi*. Elle a du mal à y croire quand elle est nommée reine de Spring Fling. Elle sait l'humiliation qu'on éprouve en même temps que les applaudissements. (En fait, ça lui fait malgré tout plaisir, mais j'ai quand même envie de casser ma couronne et de la lancer dans le public si je gagne. C'est un peu un rêve pour moi. J'adore ce film.)

Tandis que je patiente sur scène, j'espère que l'un de mes cinq comparses sera consacré. Nous restons plantés là, et un prof nous dit que l'une des boîtes devant nous (nous en avons tous une à nos pieds) contient la couronne. Un format genre *À prendre ou à laisser,* le célèbre jeu télévisé. « Si tu as la couronne dans ta boîte, tu es le roi du *homecoming* ! » (Une musique pleine de suspense se fait entendre.)

D'une main hésitante, je commence à ouvrir la boîte. Je brise le scellé. Je regarde sur ma gauche, espérant voir quelqu'un d'autre sortir une couronne sous les ovations de la foule en délire. Mais rien. Je fouille dans le papier à l'intérieur et – oh non ! – je tombe dessus : une horrible couronne en plastique qui a dû coûter cinq dollars chez Walmart. Je grimace à cette idée.

Mon ventre se serre tandis que je garde la tête baissée, essayant de faire croire que je n'ai encore rien vu. Mais le gars sur ma droite le remarque tout de suite, me montre du doigt, et toute la salle se met à hurler debout. Je n'ai pas le choix ; je me lève et assume mon titre, je les laisse me poser la couronne sur la tête en rougissant jusqu'aux oreilles et je marche vers le milieu de la scène. Ma reine me rejoint, arrivant par ma gauche, et tout le monde redouble d'applaudissements.

Je me décompose derrière les sourires de façade et n'ai même plus la présence d'esprit de mettre à exécution mon plan de *Lolita malgré moi*. (Soupir.)

Que les choses soient claires : je suis extrêmement flatté que les gens de ce lycée semblent m'apprécier. C'est plutôt sympa, mais je n'aime pas ce genre d'attention et ce que ça provoque en moi ; voilà tout. Je n'aime pas que tous les yeux soient rivés sur moi, comme si j'étais au beau milieu d'un cirque. Ça me donne des suées. Pourtant, c'est exactement le but de cette cérémonie de couronnement : focaliser l'attention. Je n'étais pas le type extraverti qui méritait ce rôle royal.

Je pense que c'est cela que les autres ont parfois du mal à comprendre avec les gens comme moi. Oui, je suis un vlogueur, mais je le fais dans l'intimité de ma maison, entre quatre murs. Si je tremble moins qu'autrefois quand je me retrouve le centre d'attention, je préfère tout de même ne pas avoir trop d'yeux rivés sur moi. Tous mes proches pourraient vous le dire : je suis un peu timide, pas du genre à épater la galerie. Je suis une fleur qui n'a pas besoin de beaucoup de lumière. Vous comprenez ?

Quand je revois cette histoire, je pense qu'elle vaut la peine d'être racontée. J'ai eu la chance de participer à cette cérémonie, même si je n'ai pas aimé cela, sur le coup. Mais je ne le regrette pas ; curieusement, j'ai appris beaucoup sur moi-même à cette occasion. C'est le principal intérêt des années lycée : se trouver, découvrir et comprendre ce qui nous gêne. Personnellement, j'ai pris conscience que j'aimais me mêler aux autres et passer relativement inaperçu. Ah ! l'ironie de la situation ! Ah ! les joies d'être un humain compliqué !

En résumé, c'est l'histoire du jour où je suis devenu roi malgré moi et où j'ai découvert que toutes les formes d'attention ne se valent pas.

La voix intérieure

Quand j'étais petit, je n'avais jamais peur d'avoir une opinion différente des autres. Mon père prétend avoir vu cela dans le lutteur que je ne suis pas devenu. Personnellement, je le vois davantage dans le jour où j'ai acheté mon premier ordinateur, alors que j'étais en troisième.

La chose peut paraître un peu superficielle, mais cet achat a été une expérience pleine d'enseignements dans mon chemin vers la créativité. Il faut dire que ce n'était pas n'importe quel ordinateur. C'était un MacBook. (J'entends déjà hurler les adeptes du PC !)

Bien entendu, avant de me lancer dans ce gros achat, j'ai dû demander à mon père s'il était d'accord pour acheter un type d'ordinateur dont il n'avait jamais entendu parler (pas plus que les autres personnes de ma famille et mes amis proches). Mais moi, j'étais fasciné par les produits Apple.

J'ai passé des heures à faire des recherches et, honnêtement, à fantasmer sur ce bond dans le futur. C'était un peu comme du porno technologique pour moi. Son design épuré, son système d'exploitation unique, ses programmes créatifs intégrés et son indéniable beauté ont littéralement fait fondre le geek qui sommeille en moi. J'ai économisé tout l'argent que je pouvais, mais cela coûtait quand même 1000 dollars, raison pour laquelle j'étais si nerveux à l'idée d'aborder le sujet.

— Papaaa ? ai-je dit en entrant dans la chambre de mes parents alors qu'ils sommeillaient encore.

Je pensais qu'en le cueillant à peine éveillé, il me dirait tout de suite « Oui, c'est d'accord ».

— Mmh. Quoi ? a-t-il grogné sans bouger sa tête sur l'oreiller.

— Je voudrais te demander ton avis sur quelque chose.

— OK, a-t-il dit avec sa voix du matin. Qu'est-ce qu'il y a ?

— Eh bieeen, j'ai très envie d'acheter le dernier MacBook qui vient de sortir parce qu'il est vraiment super et beau et cool et ça vaut 1000 dollars et j'ai l'argent et…, et…, euh…

Malheureusement, ce n'est pas sorti avec l'assurance que j'aurais voulu avoir. Mon père s'est assis dans le lit.

— Connor, ça fait quand même beaucoup d'argent. Tu ne préférerais pas te prendre un PC à 500 dollars, plutôt ? C'est moitié moins cher et ça marche très bien.

Les parents ne pigent pas ce qui est cool. Jamais. C'est dans leurs gènes.

C'était donc le moment de divulguer toutes mes connaissances si soigneusement acquises. Les parents aiment les faits, pas les émotions – les faits exposés avec certitude. Souvenez-vous de ça avant de mettre sur la table vos revendications passionnées. Faites vos devoirs. Si vos parents répondent avec émotion à votre exposé scrupuleux des faits, ils perdent la partie. Ne l'oubliez pas, même si c'est *vous* qui perdez.

— Voilà, papa. J'ai regardé ici et là, et les MacBook durent plus longtemps, sont plus adaptés aux créatifs et…

Je l'ai bombardé de tous les aspects géniaux de cette machine, de ses outils à la durée de vie de sa batterie en passant par l'amortissement de son coût.

— Ça vaudra largement le prix de départ. C'est une sorte d'investissement ! ai-je ajouté.

Mon père n'a rien trouvé à redire, à part :

— Écoute, je ne peux pas t'empêcher de dépenser ton argent, mais je ne crois pas que ce soit une sage décision, Connor.

Pour faire court, disons juste que j'ai ignoré son conseil et que, dix minutes plus tard, j'avais acheté cette petite merveille d'aluminium.

En engageant cette conversation, je ne me souciais pas vraiment de ce que mon père me dirait. Je savais ce que je voulais, ce que j'aimais, et on ne pourrait rien y changer. L'intérêt de cette anecdote n'est pas le fait que j'aie obtenu ce que je voulais, que cette décision m'ait rendu fou de joie ou que le portable en question m'ait permis de me lancer dans la création graphique, vidéo, sur iMovie ou Photoshop ; ce fut vraiment le point de départ de ma passion et peut-être la raison pour laquelle je fais ce que je fais aujourd'hui. Non, tout cela n'est que le résultat de ce à quoi je veux en venir : sachez ce que vous voulez et suivez votre instinct profond. Il est difficile de savoir vraiment ce que l'on veut et qui l'on est. Il est encore plus difficile de se raccorder à la petite voix intérieure qui vous dit ce que votre cœur désire. On le sait quand quelque chose se brise, quand on frémit, quand on entend un énorme « NON ! » dans notre tête.

Quelle que soit la décision concernée – que ce soit dans une conversation, en amitié, en amour, professionnellement –, soyez toujours attentifs à ce que vos tripes vous indiquent, bien plus qu'à ce que les gens vous disent et à ce que vous pensez devoir penser (parce qu'alors, il n'y aura plus que la tête qui décidera). Qu'il s'agisse d'acheter mon premier MacBook ou de toutes les décisions que j'ai prises et que vous allez découvrir dans ce livre, j'écoute toujours mon instinct profond. Je ne laisse jamais les opinions des autres brouiller mon propre jugement. Cela m'a guidé là où j'en suis aujourd'hui et c'est la façon dont j'aborde toutes les décisions et situations difficiles.

Dans un monde conditionné pour fonctionner comme un troupeau de moutons, beaucoup de gens ont du mal à rester fidèles à eux-mêmes et à accepter leur singularité. Il est facile de céder à la pression de ses pairs et de faire simplement comme tout le monde, mais n'oubliez jamais que nous sommes tous différents. Vous êtes un être unique, avec vos rêves à vous, vos désirs, vos aspirations. Chacun a des préférences qui lui sont propres. Alors, sachez ce que vous aimez, ce qui vous rend heureux, tenez-vous-en à ça et dites-le avec assurance.

Vous marcherez plus grand, plus droit, et, tant que vous suivrez votre instinct, rien de vraiment mauvais ne pourra vous arriver dans la vie.

Vintage

J'ai des goûts vintage. J'adore tout ce qui est vintage, des Polaroid aux platines vinyle. Leur simplicité a pour moi quelque chose de très attrayant. Il n'y a pas de viseur, de zoom digital ou d'artifice quelconque. C'est du brut, du vrai.

Avec un vieil appareil photo, on se concentre sur la prise de la photo, car on ne peut pas voir ce qu'on a capté avant que les photos soient développées. Pas de retour en arrière possible. C'est comme c'est, point final. La préparation de la prise est donc ce qui compte le plus. Si vous ratez votre coup, vous ne le saurez que lorsqu'il sera trop tard. Et, franchement, qu'y a-t-il de mieux que le clic-clac d'un Polaroid et l'impatience qu'on a en attendant de voir la photo apparaître ? Bon, d'autres choses, sûrement. Mais je trouve ça vraiment génial.

Avec un tourne-disque, on écoute la musique sous sa forme la plus authentique (mis à part les concerts, évidemment). Tout donne une impression de vulnérabilité ; le manque de basses, le léger craquement du vinyle et la voix brillante fusionnent pour créer une atmosphère qui me donne l'impression d'être complètement connecté à l'artiste. Je ne m'en lasserai jamais.

Ces deux objets vintage me transportent dans une époque analogue, une époque dont mes parents se souviennent bien (et moi aussi un peu, quand j'étais petit). Il y a une beauté minimaliste et traditionnelle dans le Polaroid comme dans le tourne-disque, ainsi que dans la véritable expérience vintage que nous fournissent les deux.

Ça en valait la peine

J'ai eu une relation entre amour et haine avec mon premier boulot de maître-nageur. Du haut de mes 14 ans (est-ce seulement légal ?), j'étais aux anges quand on m'a embauché pour travailler à la piscine de mon quartier, un petit trou de béton dans le sol appelé Piscine municipale de La Crescent. C'était absolument GÉNIAL ! J'avais terriblement hâte d'être indépendant et de gagner de l'argent.

Cette philosophie – être libre et me débrouiller tout seul – m'a accompagné pendant mes trois ou quatre premières années là-bas, et le travail me paraissait gratifiant : apprendre à nager aux enfants et les faire progresser dans l'équipe de natation. Mais, au bout d'un moment, la nature – comment dire ? – répétitive de ma tâche a commencé à grignoter lentement mon bonheur, petit à petit.

En fin de compte, j'avais des horaires de bureau, sauf que mon « bureau » était une chaise surélevée de maître-nageur sur laquelle je restais assis pendant des heures, à écouter en boucle de la musique country ou à compter les gouttes de sueur qui perlaient sur mon bras pendant les étés étouffants typiques de notre région. Rester assis en plein soleil à regarder des gamins se hurler après en se faisant couler peut s'avérer assez fatigant (et méritant plus que le salaire minimum). De plus, je travaillais entre 40 et 50 heures par semaine pendant tout l'été en économisant pour l'avenir, quoi qu'il puisse me réserver, alors que mes amis partaient s'amuser en vacances. Ça ne m'aidait pas vraiment.

J'ai commencé à tout détester dans ce job, des traces de sueur que j'avais partout sur moi jusqu'aux gamins qui hurlaient et n'écoutaient jamais rien. Parfois, je devais me lever à 5 h du matin. Parfois, je devais nettoyer les toilettes ou, pire, retirer devant tout le monde les excréments des enfants dans le petit bassin. Ensuite, les gens venaient me crier après, furieux que je ferme le bassin pendant une demi-heure, le temps de nettoyer. Comme si c'était ma faute si un gosse avait pris la piscine pour des toilettes !

C'était un travail exténuant, mais je ne devrais pas me plaindre, car, même si c'était difficile par moments, tout ce stress trouva sa récompense un jour bien particulier.

C'était un soir de juin un peu frisquet, en 2008, une de ces soirées où le soleil n'a pas brillé depuis des jours et où l'on ressent l'humidité partout. Il n'y avait plus que quelques enfants dans la piscine, et j'étais de surveillance.

Un enfant retenait mon attention : un garçon qui semblait s'ennuyer, assis dans le petit bassin sans rien faire.

Pourquoi es-tu là ? ai-je pensé. *Tu ferais mieux de rentrer chez toi.*

J'avais presque envie de le dire à voix haute lors d'une de mes rondes autour de la piscine, quand il m'adressa la parole :

— Aujourd'hui, je vais réussir mon test de natation !

D'accord, très bien. Au moins, maintenant, tu FAIS quelque chose.

J'ai emmené ce garçon au doux visage vers le côté profond, dans l'idée de le regarder nager d'un bout à l'autre du bassin. J'avais regardé des tas et des tas de gamins faire ça, et c'est donc sans plus réfléchir que je l'ai laissé descendre la petite échelle pour se glisser dans l'eau malgré la fraîcheur.

Je suis resté là et l'ai regardé entamer lentement la petite distance devant lui. De toute évidence, ce n'était pas un nageur confirmé : sa technique était laborieuse, mais il progressait petit à petit. Alors qu'il ne lui restait plus que quatre ou cinq mètres à parcourir, la raison de sa présence dans le petit bain commença à m'effleurer : il n'était pas sûr de savoir nager.

Il commença à ralentir, puis s'arrêta totalement et commença à être ballotté comme une pomme dans l'eau. Bon sang !

Oh non ! me suis-je dit. *Il ne va quand même pas… ?* Et il faut que ça arrive AUJOURD'HUI ? Je vais vraiment devoir sauver un être vivant de la noyade ? Il faisait froid, j'avais un sweat-shirt sur le dos et ne pensais qu'à rentrer chez moi. C'est alors que j'ai vu sa tête se tourner vers moi pour me regarder, l'air paniqué.

— À-à-à l'aide, a-t-il murmuré d'une voix étranglée par la peur.

Cette fois, il faut y aller !

J'ai donné un coup de sifflet strident et retentissant, éjecté mes tongs et j'ai plongé avec ma combinaison rouge de maître-nageur. Le garçon se débattait en agitant ses bras pour tenter de maintenir sa tête hors de l'eau, mais il ne me fallut pas longtemps pour le sortir de là. Le pauvre gamin était un peu secoué, mais, à part ça, tout allait bien. Sa mère poussa elle aussi un soupir de soulagement quand je ramenai son fils au sec, tout empaqueté dans une couverture de survie. Elle était un peu fâchée que j'aie attendu « trop de temps avant de sauter dans l'eau », mais je peux comprendre. C'est son enfant. Chaque seconde paraît interminable quand une personne qu'on aime est en danger.

Ce soir-là, j'ai moi aussi poussé un soupir de soulagement. Et, à ce moment-là, j'ai réalisé que je venais de sauver une vie. Sans moi, ce gamin serait sûrement MORT. Cette pensée m'a remis les idées en place et m'a fait relativiser les réveils à 5 h du matin, les accidents de caca dans l'eau, et les heures parfois interminables. Tout s'est remis en place à partir de là.

Nous perdons parfois de vue les raisons pour lesquelles nous faisons ce que nous faisons. On se lasse de certains aspects de notre vie en oubliant l'objectif final. Mais tout a du sens. Il existe une raison derrière chaque combat, et je venais de comprendre le mien. À part pour le salaire, je m'étais engagé à être maître-nageur pour aider les enfants. J'ai une vraie passion pour tout ce qui touche à l'eau et je voulais partager cela avec des plus jeunes que moi. Et, quand l'un de ces jeunes a finalement eu besoin de mon aide, j'ai été là pour lui.

J'ai très bien dormi cette nuit-là et j'ai terminé ma saison de travail à la piscine avec un nouveau regard sur les choses. Parfois, il n'en faut pas plus pour trouver du sens à ce que l'on fait.

Mon bras

En parcourant mon Instagram, vous y verrez un thème récurrent : des photos de mon bras tendu.

— Pourquoi fais-tu ça ? me demande-t-on tout le temps, souvent sur un ton légèrement agacé. Je ne comprends pas. Arrête donc de faire ça. Ça fait trop Tumblr, disent-ils.

Voici la réponse : j'aime apparaître dans mes photos. Ce qui est difficile à faire quand on est aussi celui qui prend la photo ; alors, je me dis souvent qu'un bras suffira. Un avant-bras dans le cadre, c'est un peu comme un doigt de pied dans l'eau. Quand je me trouve dans un endroit qui me semble beau ou intéressant, je prends donc une photo de ma main tendue vers la scène dont je veux me souvenir.

Voilà, vous savez, maintenant !

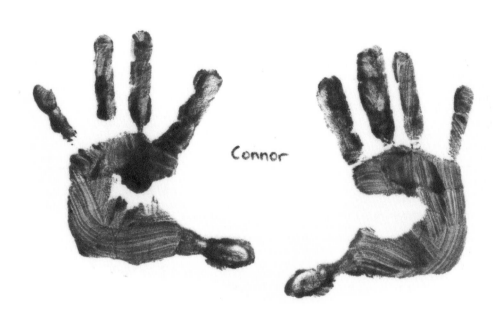

Connor

Créativité

Levez la main si vous êtes créatifs ! (Là, je visualise une salle remplie de mains levées vers le plafond.)

Maintenant, gardez la main en l'air si vous pensez être capables de faire vivre cette créativité.

(Je vois quelques bras se baisser, déçus.)

OK. Parmi ceux d'entre vous qui ont encore la main en l'air, combien pensent avoir le courage de montrer leur côté créatif et de faire partager leur travail sans avoir d'abord recueilli l'approbation de leurs amis ou de leur famille ?

J'imagine que la plupart d'entre vous êtes maintenant assis sur vos mains en vous disant : *Jamais de la vie, pas moi, laisse tomber.*

Il y a quelques années encore, j'aurais moi aussi été de ceux qui s'assoient sur leurs mains. J'adore créer. J'adore inventer des concepts et du contenu en partant de rien. J'adore même inventer mon petit-déj le matin (ce qui est déjà tout un art en soi !). Mais, pendant mes années d'études, je ne m'en sentais pas le courage. En général, le côté artiste n'est pas super bien vu chez les garçons pendant l'adolescence, et, comme cela m'intimidait, j'ai réprimé ma créativité.

Parce que je voulais juste être comme les autres.

En étant créatif, on doit accepter l'idée d'exposer son travail au regard du public. Que l'on fasse de la peinture, du théâtre ou que l'on projette un court métrage réalisé en classe, on a peur de sortir ainsi du lot et de se trouver vulnérable. Et si les autres critiquaient votre travail ? C'est encore plus flippant.

Avant d'aller plus loin, je veux dire que je sais que tout le monde ne s'intéresse pas à l'art, et ce n'est absolument pas un problème. Que votre passion vous mène plus tard à devenir concierge, infirmière, prof de fitness, artiste ou sportif, mon message s'applique à tout : consacrez-vous à votre passion avec tout votre cœur. Faites ce que vous aimez et aimez ce que vous faites.

D'après pas mal de conversations que j'ai eues récemment à ce sujet, il n'est malheureusement pas rare que la créativité soit étouffée dès le plus jeune âge chez beaucoup de gens. En ce qui me concerne, j'ai certes été encouragé à pratiquer les arts quand j'étais petit, mais, en grandissant, j'ai senti une réelle pression m'incitant à m'orienter vers une carrière plus conventionnelle. Il me semble que beaucoup de gens répriment leur instinct créatif par peur d'être jugés, écartés, ou simplement de n'être pas assez doués. Dans d'autres cas, un parent, un enseignant ou un ami les dissuadent de poursuivre toute ambition artistique. Ne le laissez pas faire et défendez votre vision. Bien souvent, les gens ne partageront ni votre vision ni votre enthousiasme, mais c'est normal. Les ambitions sont individuelles. L'art est subjectif. La créativité mène souvent à la poursuite d'un rêve en solitaire, jusqu'à ce que vous tombiez sur ceux qui le comprennent. Qui *vous* comprennent.

Je m'adresse ici à chaque aspirant écrivain, poète, chanteur, auteur, musicien, comédien, acteur, danseur, sculpteur, réalisateur, photographe, artiste de cirque, strip-teaseur, peu importe ! Nous vivons dans un monde où l'on nous inculque l'importance de la stabilité dès le berceau, ou presque. Quand ce n'est pas dit explicitement, nous le voyons dans la manière dont nos parents, aînés ou autres figures d'autorité mènent leur vie : prudemment, raisonnablement, avec pragmatisme.

Il n'y a en effet rien d'assuré quand on envisage une carrière en lien avec son rêve de créativité, quel qu'il soit. Le risque d'échec clignote en gros et en lettres rouges, raison pour laquelle ceux qui ont de l'expérience se sentent obligés de nous dire de trouver un « vrai métier », qui paye bien, de préférence, et avec une sécurité d'emploi.

— Deviens médecin, avocat, professeur, disent-ils.

Une chose leur échappe : le battement silencieux de la créativité qui palpite en vous, cet appel qui vous invite à suivre votre instinct, votre cœur, et à faire ce que votre âme exige. On ne peut jamais expliquer aux autres ce que l'on ressent tout au fond de soi parce qu'on le comprend rarement soi-même. Savez-vous combien de fois il m'arrive d'avoir une idée géniale sans pouvoir l'expliquer à personne ? Tout le temps ! Eux ne la voient pas, mais moi, si, et c'est tout ce qui compte. Ils verront mon idée plus tard, quand elle prendra vie.

Si vous êtes de ceux-là, si vous ressentez cet appel, sachez que c'est la SEULE chose qu'il faut écouter, qu'il s'agisse d'un projet unique qui vous tienne à cœur ou bien d'une carrière que vous avez envie d'entreprendre. Ne vous interdisez jamais une occasion de vous exprimer, sous quelque forme que ce soit.

Ne sous-estimez pas le pouvoir de la confiance en soi.

Ne vous laissez pas limiter par les attentes des autres.

Moquez-vous de ce que les autres peuvent penser.

— À quoi bon essayer ? Je vais juste me planter, m'a un jour dit quelqu'un.

Ma réponse a été simple :

— Et alors ? Qu'est-ce que ça peut faire ? Si tu te plantes, tu te plantes. Point.

Pour réussir, il faut d'abord se planter. Demandez-le donc à ceux qui ont obtenu du succès (ou à toute personne expérimentée). Cela fait partie du processus de création ; alors, reprenez-vous et laissez parler et s'épanouir l'artiste qui sommeille en vous. Il faut accepter le fait que la première, la deuxième et la troisième tentative puissent être nulles. C'est une étape nécessaire pour s'améliorer. L'échec est votre guide, pas votre juge.

Comme toutes les bonnes choses, cela prend du temps, et il faudra être patient. Ce qu'il faut savoir, c'est, sans chercher l'approbation des autres, pourquoi vous avez fait quelque chose et pourquoi vous aimez ça. Si vous pensez que c'est unique, c'est tout ce qui devrait compter. Créez d'abord et surtout pour vous-même, et pour personne d'autre.

L'une de mes passions est la photo, et je peux vous dire que j'en prends des paquets. Que ce soit pour les réseaux sociaux, les amis, la famille ou ce livre, peu importe, j'en prends n'importe où et n'importe quand. Un matin, je suis sorti prendre un petit-déjeuner avec un ami et sa famille entière. Nous sommes allés dans un petit café en ville lors d'un de mes nombreux déplacements, et l'endroit était bondé.

Après avoir attendu plus d'une heure pour passer nos sept commandes d'œufs brouillés sur toasts avec feta, tomates et avocats, les plats sont arrivés sur la table. J'ai tout de suite remarqué comme ce petit-déjeuner était joliment présenté. J'ai donc dégainé mon iPhone, me suis levé de ma chaise, et j'ai commencé à prendre entre 5 et 10 photos jusqu'à ce que l'angle, la lumière et l'esthétique globale soient parfaits. J'entendais des gens ricaner autour de moi et je sentais les yeux de plusieurs inconnus rivés dans mon dos. Et vous savez quoi ? Je m'en moquais complètement. Après avoir dominé ainsi la salle pendant quelques minutes, je me suis assis, j'ai procédé à un tri rapide et j'ai montré à mes amis les images que j'avais prises.

— Waouh ! C'est super beau, m'a dit l'un d'eux.

Et, en toute humilité, je savais que c'était vrai. Mais, plus important encore, deux minutes plus tôt, quand je me suis dressé devant ma chaise comme un abruti total aux yeux de tous les clients d'un restaurant, je le savais déjà. Je savais que j'aurais de belles photos et je me fichais d'avoir l'air bête en les prenant parce que j'étais animé par ma vision créative et non par l'opinion des autres. Je ne laisse pas les gens me dicter ma façon de vivre.

Lorsque j'ai une idée, je la suis, quelles que soient les circonstances. Cette pensée m'obsède et m'habite complètement. C'est difficile à exprimer, mais je ressens une espèce d'orgasme créatif quand je prends une belle photo, quand je tourne une vidéo particulièrement artistique ou simplement quand je pense à une expression qui m'inspire. Je ne me lasse jamais de créer. Cette sensation viscérale me fait aller de l'avant.

Un jour, Troye, mon meilleur ami, m'a dit :

— Si tu as envie de faire des trucs, tu dois les faire.

Je ne l'ai jamais oublié.

Mon processus créatif commence par une idée. Je ne saurais pas exactement vous dire d'où ça vient. Les idées m'arrivent sous la douche, dans un avion, quand je suis au restaurant ou dans

mon lit à trois heures du matin, quand mon esprit n'arrive pas à se relâcher. Si l'ébullition se confirme, je commence à développer l'idée et à prendre des notes. Je réfléchis à tous les aspects en y ajoutant des points et des exemples. Puis, je le fais.

Ça ne fonctionne pas toujours, et je ne m'inquiète pas pour ça. Mais, quand quelque chose fonctionne, je le montre immédiatement à l'un de mes proches pour avoir un avis. J'encourage la critique parce que je veux que ce soit parfait avant d'être livré au grand public. Une fois effectuées les modifications qui me semblent pertinentes, je partage avec tout le monde et ne retiens que les remarques positives (en ignorant les commentaires désagréables).

J'en tremble à moitié d'excitation rien que d'en parler ! Cette expérience est supérieure à toutes les autres, pour moi.

D'où provient cette sensation ? Tout le monde a quelque chose de spécial. Quoi que ce soit, je ne peux que vous encourager à accomplir cette chose aussi vite – et aussi souvent – que possible. Dans la vie, il faut se donner l'occasion de faire ce qu'on a envie de faire avec le précieux temps qui nous est accordé. Donnez-vous cette permission. J'ai beau être encore jeune, il m'arrive souvent de penser : *Ah ! le temps passe vite ! Qu'est-ce que je fabrique, assis là, à ne rien faire ?* Je dois utiliser tout le temps dont je dispose, tant que j'en ai. Une fois cette résolution prise, il faut se mettre à faire les choses pour de bon, ce qui est bien plus difficile qu'on pourrait le croire à première vue. Il n'est pas facile de sauter les obstacles en se moquant royalement de ce que les autres pourraient penser. Mais ces opinions ne devraient jamais inhiber vos envies. Allez-y, ajoutez votre touche de couleur au monde qui nous entoure !

Je vous le demande donc une nouvelle fois : levez la main si vous avez envie d'être créatifs, de prendre des risques et d'accepter l'échec. J'espère que toutes les mains sont en l'air, maintenant !

La chaise

Permettez-moi de vous embarquer dans les cours de philosophie que j'ai suivis lors de ma première année de fac. Beaucoup de mes amis avaient étudié la philo pendant le premier semestre et m'entraînaient dans de longues discussions sur la vie, me faisant remettre en cause les choses les plus simples et examiner toutes les possibilités. J'adore ça. Je ne m'en lasse jamais. Un jour, en cours, alors que nous parlions des examens à venir, notre prof a dit :

— Je vais vous parler d'un examen que j'ai passé quand j'étais à la fac.

Il nous a alors expliqué que, dans un cours de philo, son prof est entré, a placé une chaise devant la classe et leur a dit : « Expliquez-moi pourquoi ceci n'est pas une chaise » avant de quitter la salle. C'était le sujet d'exam : expliquer pourquoi la chose devant eux n'était pas ce qu'elle semblait être. Après moult grattage de tête général, le seul étudiant qui obtint une très bonne note fut celui qui avait écrit sur sa copie : *Quelle chaise ?*

L'idée, c'est qu'une chaise est un objet fabriqué par l'humain, auquel on colle une étiquette. Ce n'est pas issu de la nature, comme un arbre, un paysage ou un lac ; c'est une chose que nous, humains, avons inventée : nous l'avons créée et définie. Cette anecdote m'a marqué parce qu'elle fait écho à ma philosophie personnelle sur la nature des choses. Habituellement, quand les gens regardent une chaise, ils disent « C'est juste une chaise », mais moi, j'aime penser que c'est plus que ça. J'aime chercher un sens plus profond aux choses, même à celles qui sont inanimées. Je sais que vous risquez de me prendre pour un cinglé, mais 1) je jure que je ne le suis pas, et 2) ce n'est qu'un exemple. Permettez-moi de développer. Quand les gens regardent mes photos et me demandent comment je fais pour réussir une belle prise de vue, je leur explique qu'il faut prendre du recul et observer les plus petits détails sans prendre les choses pour argent comptant. Dans la vie, il faut savoir regarder sous la surface et voir ce qui se cache derrière les apparences.

Ce n'est pas une simple plante en pot que vous voyez là. Regardez mieux ; il y a infiniment plus de choses que ça en elle. Essayez de la regarder sous un angle différent ou sous un autre éclairage. Rapprochez-vous et observez sa texture. Ou la goutte de rosée posée sur une de ses feuilles. Ou l'insecte qui se cache entre les fleurs. Ou le design du pot. Je me demande comment ces tracés sont arrivés là. Je me demande qui l'a peint et d'où il vient.

Si vous adoptez une approche philosophique envers des choses aussi simples que ça (en vous posant toujours des questions et en allant chercher plus loin), il est possible que vous trouviez beaucoup plus de sens dans tout ce qui vous entoure. Tout mérite qu'on s'y attarde un peu.

Mon but est de contempler le monde au travers d'un nouveau prisme. Allez-y, essayez donc. Regardez autour de vous, là où vous êtes maintenant. Quelle est la première chose qui accroche votre regard ? En quoi est-elle faite ? Qui a bien pu choisir ce matériau ? D'où vient-il ? Waouh ! Il vient de l'autre bout du monde ! Quel voyage a dû faire cet objet qu'on croyait anodin !

Vous voyez ? Tout ce que vous pouvez observer recèle une histoire digne d'intérêt, cachée derrière un masque de simplicité. Regarder la vie de cette manière vous force à apprécier ce qui vous entoure et vous aide à comprendre qu'il y a bien plus que ce qui saute aux yeux en premier. Dans cet état d'esprit, vous verrez peut-être le monde différemment, désormais.

Les cicatrices

Une nuit, quand j'avais huit ans, je suis tombé de mon lit alors que je tournais et me retournais sous les draps en dormant à moitié. Pas de chance : mon lit n'était qu'à une quinzaine de centimètres de la commode. Une solide commode en bois, avec des angles bien pointus. Mon visage a heurté ladite commode, me laissant sur le coup avec une bosse bleue et noire et une cicatrice que j'ai toujours sur le front, en plein milieu, juste au-dessus de mes sourcils. J'ai arboré cette cicatrice toute ma vie et je la déteste. Comme une rayure sur le capot d'une voiture, c'est la première chose que je vois quand je me regarde dans le miroir. Tous les matins. Bien sûr, je pourrais traîner des tares physiques beaaaucoup plus graves et je ne devrais pas me plaindre. Mais je vous mets dans la confidence en vous avouant que ce complexe est exacerbé par mon travail, puisque ma tête est tout le temps sur l'écran, prête à être jugée par les autres. Parfois, j'ai l'impression que la caméra pourrait aussi bien être un immense miroir grossissant.

Nous avons tous des cicatrices avec lesquelles nous devons vivre. Celle-ci est une cicatrice extérieure, mais j'en ai également plein à l'intérieur, invisibles aux autres. À vrai dire, je suis prêt à parier que la plupart des gens portent des cicatrices invisibles. Celle de ne pas être aimé. De la maltraitance verbale ou psychologique. De l'abandon. D'être harcelé dans une cour de récréation.

Celle qui reste après une peine de cœur. Ces cicatrices invisibles évoquent une lutte personnelle que peu de nous osent exprimer verbalement.

Je vais vous dire un secret : je ne suis pas parfait. Quelle surprise, hein ! Il est facile d'avoir l'air parfait dans une vidéo, mais je suis parfois très angoissé. Mes cicatrices invisibles concernent principalement un besoin d'être aimé et de m'intégrer. Toute ma vie, je n'ai voulu que ça : être comme tout le monde et que tout le monde m'apprécie. Je voulais seulement avoir des amis. Je voulais seulement des gens avec qui parler qui m'apprécient. Même à ce jour, malgré tous mes efforts, il m'arrive encore de me retrouver tout seul sur mon canapé un soir de week-end sans invitation à sortir. Et quand je m'autorise à m'ouvrir et à me montrer vulnérable avec les autres, je ne ressens jamais de réciprocité dans ces émotions. Avec certains « amis » rencontrés récemment, c'est un peu comme descendre une rue en sens unique qui ne me mène pas là où je voudrais aller.

Mais les cicatrices – qu'elles soient intérieures ou extérieures – ne posent réellement problème que si l'on se concentre sur elles en ignorant les choses positives. Loin de moi l'idée de banaliser les causes de certaines blessures très profondes qu'une personne peut subir, mais, d'après mon expérience, si on laisse nos cicatrices nous posséder, elles y arriveront. Ne leur donnez pas ce pouvoir. Ne les laissez pas entraver votre croissance personnelle et votre évolution.

En ce qui concerne la cicatrice que j'ai à l'extérieur – celle que tout le monde peut voir –, j'ai appris à changer mon regard sur elle. Pour moi, ce n'est plus une cicatrice ; c'est une marque unique qui fait partie de mon identité. Si votre cicatrice est invisible, je vous invite soit à l'accepter, soit à vous y confronter. Mais ne l'ignorez pas. Les cicatrices nous rappellent chaque jour les choses qui nous sont arrivées, souvent des choses importantes. Nous devrions apprécier leur présence ou tout au moins les prendre en considération et les regarder différemment. Rien n'est

plus touchant que lorsque quelqu'un vous montre une cicatrice et vous raconte l'histoire cachée derrière avant de vous dire qu'il ou elle l'a acceptée et en est désormais guéri(e). Personnellement, j'aimerais pouvoir en dire autant pour toutes mes cicatrices.

Un jour, j'espère.

Si je créais une installation

Il est 20 h. Je suis à un rencard. Le sujet de discussion en cours : les installations artistiques. Nous sommes entourés d'art, et, dès que je peux saisir l'occasion de parler de ses profondeurs insondables, je saute dessus. Vous voyez, je suis vraiment obsédé par l'art. Après avoir regardé le documentaire *The Artist Is Present* il y a quelques mois, je me suis senti fasciné par ce concept. Dans le film, l'artiste crée une performance avec elle-même, une table, deux chaises, et toute personne est libre de venir la rejoindre à la table. Voilà comment est venue la question entre cette personne et moi :

— Si tu pouvais créer une installation ou une performance artistique, que ferais-tu ?

Une idée m'est immédiatement venue à l'esprit. Je créerais une exposition avec une salle remplie de personnes de tous les âges, tailles, formes, origines ethniques, qui resteraient debout et seraient complètement nues.

Le visiteur de l'exposition déambulerait dans cette foule de gens pour se diriger vers la sortie (en prenant le chemin qui lui plaît). Au passage, il verrait tous ces types de personnes sous leur forme la plus authentique et serait ainsi exposé au côté brut et cru de l'humanité nue. Ce faisant, privé de la carapace de la mode et des masques sociaux que nous portons, chaque participant est vu tel qu'il est vraiment, et nous arrivons à percevoir à quel point nous sommes tous uniques, ce qui n'est pas loin de la beauté. Pas moyen de se cacher. C'est de la vérité brute. De l'art illustrant la vie.

Plein de défauts

Les gens sont beaux. Tous les gens, de toutes tailles, de tous gabarits. Le simple fait que nous soyons des organismes vivants, qui respirent, dotés de pouces opposables qui nous permettent de saisir notre téléphone et d'y passer la journée entière, est déjà miraculeux. Ce qui nous rend encore plus magnifiques, en tant qu'espèce, est que nous avons la chance d'être tous singuliers et différents ; et c'est justement CETTE singularité que nous devons exploiter et honorer.

Nous sommes tous plus ou moins travaillés par notre apparence, mais, plus souvent qu'à notre tour, nous sommes incapables de voir notre singularité comme une bonne chose. Au lieu de cela, nos différences nous mènent à faire des comparaisons en émettant des jugements péremptoires. L'image de soi peut devenir décourageante, surtout quand on se mesure à nos pairs ou aux posters et photos diffusés par les médias ; il est difficile d'accepter d'être qui l'on est, avec toutes nos imperfections. Je sais de quoi je parle parce que j'ai pas mal lutté contre ce que je voyais dans le miroir : je n'étais pas satisfait de ce qu'il me renvoyait. Nous pouvons être notre juge le plus dur, le plus sévère. Je devais avoir environ huit ans quand j'ai commencé à faire une fixette sur quelque chose qui ne me plaisait pas dans mon physique.

— Maman ? ai-je demandé timidement en entrant un soir dans la chambre de mes parents, des larmes plein les joues.

— Qu'est-ce qui t'arrive, mon cœur ? m'a-t-elle demandé.

Quelques minutes plus tôt, je venais de me disputer bêtement avec mon grand frère, Dustin. Je ne me souviens pas de quoi il s'agissait – probablement d'un jeu vidéo ou de celui des deux qui prendrait la télécommande pendant qu'on regarderait la télé. (Ah ! le pouvoir que confère, en grandissant, cette télécommande !) Je devais avoir remporté la bataille, car l'ultime défense de mon frère fut un coup bas et cinglant :

— Eh ben, moi, au moins, je ne suis pas gros !

Waouh ! Je me souviens du coup porté par ces mots : comme un ballon qui vous arrive en plein visage lors d'un entraînement en hiver. Les larmes montèrent d'un coup en un flot abondant et irrépressible, et je courus dans la chambre trouver ma mère.

— Est-ce que je suis gros ? lui ai-je demandé.

— Mon chéri, dit-elle gentiment. Est-ce que tu te trouves gros, toi ?

Avant que mon frère ne me traite de gros, je ne m'étais jamais vraiment posé la question. Enfin, peut-être un peu. Mais son insulte avait mis le feu aux poudres.

— Je ne sais pas ! ai-je répondu, perdu, en répandant de nouvelles larmes. Peut-être.

Ma mère s'empressa de me réconforter et de supprimer tout jugement de la situation.

— Eh bien, dit-elle, si tu le penses, est-ce que ça te convient ?

Dans l'état où j'étais, je ne savais pas quoi penser.

— Je crois, oui, ai-je reniflé.

Elle me délivra alors une perle de sagesse qui ne m'a jamais quitté depuis :

— Si tu t'aimes comme ça, c'est la seule chose qui compte. Et si tu ne t'aimes pas, alors, tu pourrais peut-être essayer de comprendre pourquoi.

Voilà pourquoi, mesdames et messieurs, ma mère est la meilleure mère du monde. Qu'on lui remette immédiatement le trophée de mère de l'année !

Il est vraiment intéressant de penser que, pendant une période de notre vie, nous sommes tous complètement innocents : pas d'inquiétudes, pas de problèmes, à peine un léger souci de temps en temps. Ce serait génial si l'on pouvait se servir de cette insouciance pour avancer dans la vie sous une bulle protectrice, non ? Ça doit être chouette de ne jamais s'inquiéter. Je ne me rappelle même pas la dernière fois où je me suis couché sans avoir dix mille questions en tête. Quand on est petits, nos choix les plus difficiles sont du genre : lait nature ou avec du chocolat pour le petit-déj ? Ah ! le bon vieux temps ! (Voilà que je recommence à parler comme un vieux. Pfff…)

Bref, j'ai décidé de demander à quelques amis à quel âge ils avaient découvert une première chose en eux qu'ils n'aimaient pas. J'ai toujours eu la même réponse :

— Entre 8 et 10 ans.

Plus jamais je ne regarderai de la même manière un gamin de cet âge. Maintenant, quand j'en croise un, je me dis : *Oh ! mon pauvre petit. Tu vas connaître de durs moments, et puis ça finira par aller mieux. Mais avant ça, ça va encore empirer, beaucoup.* Et je m'imagine lui tapotant la tête avec compassion avant de passer mon chemin. Cela prouve que nous vivons tous plus ou moins la même chose, avec des sentiments d'insécurité, des doutes et un jugement trop dur envers soi-même. Certains le cachent mieux que d'autres, mais ces pensées négatives nous traversent toujours l'esprit quand on se retrouve nu devant un miroir ou qu'on traverse simplement la classe en dernier après la sonnerie. L'assurance et les sourires ne sont que des masques que nous apprenons à revêtir dès l'enfance ; peut-être laissons-nous tomber ces masques avec nos amis proches et notre famille parce que ce sont les seules personnes avec lesquelles nous pouvons vraiment être nous-mêmes.

Aujourd'hui encore, je n'aime pas tout dans mon physique. Je me rappelle constamment mes problèmes de poids quand j'étais enfant et je me focalise sur la petite bosse de mon front, ma mâchoire légèrement prognathe, la quantité de poils sur mon corps, et bien d'autres choses encore. À vrai dire, c'est carrément épuisant, par moments. Levez la main si vous aimez tout dans votre physique. À moins que Beyoncé ne lise ce livre, il ne devrait y avoir aucune main en l'air. (Et si Beyoncé me lit, eh bien, euh… Eh ! salut, beauté fatale, trop honoré !!!)

Il est normal de ne pas aimer certains aspects de soi en grandissant. C'est humain. La découverte de notre singularité passe par là. Nous exagérons tous les défauts que nous nous trouvons, que ce soit une cicatrice à cause d'une chute de lit, une tache de naissance, un bouton, un trait de visage peu habituel, ou notre silhouette en général. Mais si nous étions tous des clones identiques et parfaits, le monde serait d'un ennui mortel ! Nos soi-disant défauts font partie de ce qui nous rend tous uniques. Et je vais vous dire une bonne chose : *tout le monde se fiche de vos défauts.* Honnêtement, je vous le dis avec toute la bienveillance possible : personne d'autre ne les remarque que vous. Tout ça, c'est dans votre tête !

Je suis toujours surpris d'apprendre que la plupart des gens ne remarquent pas la bosse sur mon front ; alors que, pour moi, elle se dresse comme un phare sur mon visage, envoyant un signal de détresse à tous les passants environnants. On m'a même dit que ce défaut était « mignon ». MIGNON. Apparemment, les gens adorent ce que je hais le plus chez moi.

Voilà où je voulais en venir : une fois qu'on accepte ce que l'on est, avec nos imperfections et tout le reste, alors – et alors seulement – on peut réaliser tout son potentiel. Oubliez les regards négatifs et les jugements sévères que vous portez sur vous-même. Il faut s'aimer d'abord, et personne ne nous apprend ça à l'école. Personne ne vous apprend que, si vous aimez et si vous acceptez celui que vous êtes, rien ni personne ne pourra vous toucher.

C'est le seul visage et le seul corps que vous aurez jamais, alors, soyez à l'aise et heureux avec ça. Habitez la moindre parcelle de l'être que vous êtes et présentez-vous au monde plein de fierté.

Aveugle aux chiffres

Les réseaux sociaux ont envahi le monde. Si vous ne tweetez pas quotidiennement, si vous ne recevez pas des dizaines de *likes* sur vos photos Instagram et si jamais vous ignorez ce qu'est Tumblr, alors, il est grand temps pour vous de retourner sur Google parce que vous êtes totalement dépassé.

À moins que vous n'ayez la quarantaine, peut-être.

J'ai l'impression que, dans notre monde hyper connecté, tout le monde est sur un réseau social ou un autre. (Si vous êtes l'une des rares exceptions, félicitations. Et ne mettez pas le doigt dans l'engrenage. Ce truc est encore plus addictif qu'un pot de Nutella un vendredi soir où l'on n'a rien à faire.) Nous sommes connectés en permanence. Un pied dans l'instant, un autre complètement ailleurs. Dans cette cyberréalité – celle où nous pouvons désormais emporter nos ordinateurs de poche en permanence –, il est difficile de ne pas se laisser happer par la bulle des *likes*, des pouces levés, des évaluations, des commentaires et des divers chats lancés partout sur Internet ; et c'est là que réside LE PIÈGE pour notre estime de soi. Le piège qui nous attend tous, béant : l'importance d'être aimé – ou, plutôt, *liké*.

Notre génération semble chercher, pour des raisons qui m'échappent un peu, l'approbation et la validation par le nombre. J'ai lu quelque part qu'un post ou une photo appréciés provoquent en nous une montée d'endorphines, d'où l'addiction. C'est

127

de la science, les amis. Inutile de nier. Ce qui est clair, c'est que plus on récolte de *likes* – ou de *retweets* –, mieux on se sent. Mais l'importance qu'on y attache est fausse. Personne ne devrait mesurer sa valeur ou sa popularité en fonction de chiffres. Les réseaux sociaux sont le miroir le plus déformant dans lequel on peut se regarder.

Je suis le premier à admettre que je me sens aux anges quand je reçois plus de 100 000 *likes* sur une vidéo YouTube. Quand j'atteins ce chiffre, j'ai l'impression d'avoir créé un contenu tout à fait valable, dont je devrais être fier. Quand je prends le temps d'y penser, ça fait quand même un nombre incroyable de clics ! Imaginez : 100 000 individus différents ont regardé ma vidéo et se sont dit qu'il valait la peine de prendre deux secondes de plus pour déplacer le curseur de leur souris sur le petit pouce vert levé, et… CLIC ! Ça me paraît toujours aussi incroyable.

Mais vous savez quoi ? Je ne connais même pas ces gens, et c'est le dur rappel à la réalité que j'ai dû me faire il y a un certain temps. Je me souviens du moment où mes 50 premiers *likes* signifiaient vraiment quelque chose, mais, au bout d'un moment, les chiffres (de 100 à 100 000, puis 1 million, puis l'infini) sont devenus des symboles vides de sens, et je suis heureux d'en être arrivé là. Ce n'est pas un chiffre qui va valider qui je suis ou ce que je fais.

Je ne suis cependant pas immunisé contre ce piège. Si je n'ai que 10 *likes* sur un post Facebook, ça me contrarie carrément ! Je me dis : *Bon, OK, aucun de mes VRAIS amis n'a trouvé ma photo sympa, ou que ce statut était drôle, ou que mon anniversaire valait le coup de laisser un petit message perso. (Bou-hou-hou !)*

Pourtant, nous devrions toujours nous surveiller afin de rester bien en prise avec la réalité. Pareil avec les selfies.

— Il n'y a aucun problème à prendre des selfies tout le temps, ai-je un jour entendu, parce que ça veut dire que tu assumes ton apparence et que tu veux le montrer aux autres.

Je suis d'accord avec ça. Mais on risque aussi d'avoir l'air narcissique et nombriliste. On risque de mesurer sa propre valeur au nombre de *likes* qu'on reçoit. Voilà le plus important : si vous avez vraiment confiance en vous, vous n'avez pas besoin de chercher les *likes* des autres. Et si vous manquez de confiance en vous, alors, nourrissez-vous de l'amour de vos amis et de votre famille.

Il n'y a pas de mal à vouloir être *liké*. Mais il peut y en avoir si vous laissez ces *likes* devenir le principal indicateur de votre valeur parce que les gens ne réfléchissent pas forcément quand ils *likent* – ou ne *likent* pas – vos photos ou vos posts. Souvenez-vous que ce ne sont que des chiffres et qu'ils n'apportent rien à votre valeur personnelle. Je sais qu'il est facile de se laisser embarquer là-dedans, mais ça n'a finalement aucune espèce d'importance. Et c'est un gars ayant connu tous les niveaux d'appréciation qui vous le dit.

La meilleure façon d'éviter de tomber dans le piège est d'arrêter de faire attention aux *likes*. Prenez votre photo. Postez votre vidéo. Tweetez le tweet. Et c'est tout. Ne regardez pas en arrière et ne laissez pas les chiffres, bons ou mauvais, conditionner votre humeur. C'est un cercle vicieux dans lequel il vaut mieux ne pas mettre le pied. Ayez confiance en vous et dans ce que vous apportez au monde.

Soyez aveugles aux chiffres. Et ne les laissez pas vous aveugler.

Dire non

Non. NON. Nooooon. Non.

Quelle que soit la façon dont je le dis, j'ai du mal à dire non. Ce mot ne résonne pas naturellement sur mes cordes vocales, surtout quand je n'ai pas envie de faire quelque chose ou d'aller quelque part. Mon esprit dit *NON !*, mais je n'arrive pas à le prononcer à voix haute. Probablement à cause de ma tendance naturelle à vouloir plaire, à être poli et à ne pas laisser tomber les gens, plutôt que de suivre mes vraies envies. Je crois que je préfère souvent faire une chose qui ne me plaît pas plutôt que de décevoir une personne avec qui je suis. Cela dit, j'ai la ferme intention de dépasser ce blocage. J'apprends lentement mais sûrement que le monde ne s'écroulera pas si je prononce ce terrible mot à trois lettres. Les gens ne me détesteront pas. Ce ne sera pas l'apocalypse. À vrai dire, l'honnêteté peut aussi être appréciée et, bien souvent, on peut même trouver un compromis.

Alors, dites-le bien fort avec moi : NON.

Attends, je veux juste vérifier un truc

Donc, tout le monde est d'accord : on est tous un peu trop obsédés par la technologie. Je suis même prêt à mettre ma main au feu que vous avez un téléphone sur vous en cet instant.

Alors, j'ai gagné ?

Ouaip, c'est bien ce que je pensais. Apparemment, nos téléphones sont devenus un nouveau membre de notre corps, une extension de nous-mêmes. « Zut, j'ai oublié mon téléphone ! Demi-tour ! » ; « On peut attendre quelques minutes de plus, le temps que mon portable se charge ? Je ne voudrais pas être à court de batterie quand on sera sortis ». Voilà des choses que j'entends tous les jours, et prononcées sur un ton plein de stress et d'angoisse de séparation. Comment se fait-il qu'on ne puisse *rien* faire sans emporter cet ordinateur de poche ?

Étant moi-même un enfant de l'ère numérique, il m'est difficile de remettre en cause cette habitude, car, pour être honnête, j'adore ce satané machin. Je plaide coupable : je suis tout le temps vissé à mon téléphone portable. Je ne vaux donc pas mieux que quiconque.

À une nuance près : je suis *conscient* de l'attachement excessif que j'ai développé envers cet appareil, et, depuis que je le sais, je me suis un peu amélioré.

Un truc que j'adore faire pendant les repas avec les amis, c'est de jouer à « tous les téléphones au milieu de la table ». En gros, tout le monde met son portable sur silencieux et le pose dans une zone interdite au centre de la table. La première personne à le toucher et à l'utiliser paye le repas pour les autres. Ça marche super bien, car nul n'ose le toucher en premier, trop angoissé à l'idée de devoir payer l'addition pour toute la tablée. Ah ! ce que l'humanité peut avoir de désolant, parfois !

L'intérêt de cette abstinence forcée, c'est que toutes les distractions technologiques sont supprimées. Nous sommes obligés de communiquer directement avec les autres, et ça fait du bien. Comme quelqu'un qui travaille en ligne sept jours sur sept, je savoure cette pause du monde virtuel. *Désolé ! Je ne vais pas pouvoir répondre pendant une heure ou deux, je suis occupé.* Occupé à passer un moment avec mes amis – un bon moment qui ne sera pas interrompu.

Mais il est triste de penser que ce jeu ait seulement besoin d'exister ; de penser que les gens préfèrent communiquer avec ceux qui ne sont pas là plutôt qu'avec ceux qui sont assis devant eux. J'ai tendance à m'énerver contre mes amis quand je les vois faire ça :

— Eh ! Je suis là ! Lâche ce téléphone ! leur dis-je. Tu parleras à cette personne quand on aura fini.

Nous devrions tous nous faire entendre quand on nous délaisse de la sorte. Mais c'est une drogue. Je le comprends bien. Les psychologues le savent aussi. Raison pour laquelle ils ont nommé cette addiction « nomophobie », abréviation de l'anglais pour *no-mobile-phone phobia*. Une étude britannique a montré que 53 % des utilisateurs de téléphone portable se sentent terriblement angoissés s'ils perdent leur appareil, n'ont plus de batterie ou de crédit ou n'ont pas de couverture réseau.

Je crois que cette dépendance nous renvoie à notre besoin de contact, rendu possible par les téléphones portables. Pourtant,

ils nuisent considérablement à nos capacités de communication en mettant à mal l'art de la conversation. Qui sait si ce genre de comportement nous servira ou nous desservira sur le long terme ?

Chaque jour, j'apprends donc à maîtriser un peu plus cette pulsion en étant plus conscient des moments où je suis sur mon portable. Quand une conversation en tête-à-tête semble s'essouffler, je réfléchis à une nouvelle question à poser pour la prolonger au lieu de prendre mon téléphone comme prétexte pour y mettre fin. Quand je sors avec quelqu'un, je mets mon portable en silencieux et je ne le consulte qu'une fois que la personne est partie. Quand je suis chez moi, je laisse mon téléphone en charge dans une autre pièce en espérant qu'il ne va pas me manquer et que je vais vite l'oublier.

Finalement, il s'avère que toutes ces techniques marchent et que personne ne meurt quand je ne suis pas sur mon téléphone 24 heures sur 24 ! DINGUE, NON ??? Qui aurait cru que le monde virtuel pouvait attendre une minute pendant que vous viviez votre vie ?

Le choix nous appartient : être à fond dans la vie réelle ou fuir dans un monde virtuel. Avez-vous envie de communiquer avec des êtres vivants, qui respirent devant vous ? Ou bien d'attendre qu'un monde sans vie apparaisse sur votre écran ? À vous de décider ce qui est le plus épanouissant.

Personnellement, mon choix est fait.

Café

Sur le mur au-dessus de la gazinière dans ma cuisine, il y a une plaque qui dit : J'Y ARRIVE GRÂCE AU CAFÉ. Cette phrase ne résume pas seulement mon amour pour le café ; elle me permet aussi d'évoquer la grande différence entre le fait de boire du café et le véritable objectif de ce geste.

La plupart du temps, je n'en bois pas pour la caféine. J'aime simplement l'acte et toute l'expérience physique que j'ai en le buvant. Beaucoup de buveurs de café ont besoin de deux grandes tasses par jour pour tenir le coup. Je n'ai jamais ressenti ça. Et je ne peux pas faire comme les Italiens : commander, le vider d'un trait et m'en aller. Pour moi, ça gâche tout le rituel.

En ce qui me concerne, l'intérêt du café, c'est de donner le ton du reste de la journée. Quand je me lève, une partie de ma routine matinale consiste à prendre le temps de me préparer une cafetière aux délicieux effluves. Du coup, je m'assois tranquillement, je regarde mes mails, ce qui se passe sur Internet, mes SMS, et je me prépare mentalement pour ma journée. C'est aussi un moment personnel ou bien de partage – un moment pour moi ou pour nous quand je suis avec un ami. Le fait de boire du café détend et apaise. La caféine n'est qu'un bonus pour moi.

Maintenant, vous savez pourquoi je prends souvent de jolies photos de tasses de café quand je passe un bon moment avec ma boisson préférée. Parce que « J'y arrive grâce au café ».

Connor likes his bugs

Connor Franta, Hokah Chiefs

I have been in entomology for two years. Entomology is the study of bugs or insects. I have over one hundred different bugs in my collection. I went to state last year with my bug collection. It was a great experience.

When I first started bug collecting I didn't know anything about it, but now I know a lot about it. I had to learn the categories in which the bugs went in. That was probably the hardest to memorize. When I find new bugs, I look them up

Connor Franta

in my bug book to see what it's called. Then I have to make a label for the bug.

I catch the bugs by just using a butterfly net. After you catch the bugs, you need to freeze them in the freezer. Whenever you have time later, you get them out of the freezer and put a pin through the middle of the body. If it is a butterfly or moth, you spread its wings out. If it is a beetle, you spread its legs out. Then you let them dry for a week.

Whenever you have time you go anywhere outside and look all over for new bugs. When I find a new bug, I am really happy. My favorite thing to collect is probably butterflies and moths. They come in all different shapes, sizes, and colors. I recommend bug collecting to everyone because it is very exciting.

Le problème des étiquettes

Savoir qui nous sommes est le travail de toute une vie, la quête du Graal, pourrait-on dire. Je crois qu'à tout âge, tout le monde court après cela. Dans cette quête d'identité, j'ai découvert qu'une chose avait tendance à constituer un obstacle : les étiquettes. Une étiquette (une expression qui catalogue, un nom collé à quelqu'un ou quelque chose pour décrire ce qu'il est) est une tentative de définition. Malheureusement, bien souvent, les étiquettes de la société s'avèrent imprécises, étroites ou restrictives. Les étiquettes enferment trop. Les humains sont des êtres complexes ; nous ne pouvons pas être simplement mis dans des catégories, comme ça.

Je refuse l'idée d'être un portrait imprécis de moi-même ou d'être coupé dans mon élan pour atteindre tout mon potentiel. Je suis plein de choses à la fois, pas juste une seule. Prenez l'étiquette « youtubeur », par exemple, qu'on utilise tout le temps pour me décrire. Je suis d'accord avec le fait que je suis un youtubeur et j'en suis fier, mais ce n'est pas tout ce que je suis. Cela me met dans une case et fournit du contexte. Certes, en un seul mot, cela explique ce que je fais, mais ça ne peut pas et ne devrait pas définir mon existence ni qui je suis. Pourtant, je vous garantis que, quand on dit le mot « youtubeur » à un groupe d'inconnus ayant 30 ans ou plus, il n'y a pas à attendre bien longtemps avant que tombent les jugements à l'emporte-pièce. Allez-y, essayez : « Connor est un youtubeur… »

L'âge constitue un autre exemple d'étiquette à laquelle on échappe rarement et qui est très fortement contraignante : « Tu es trop jeune pour faire ci » ou « Tu es trop vieux pour faire ça ». On a tous entendu ça régulièrement, et c'est toujours très agaçant. À maintenant 22 ans, je ne suis plus un gamin, mais on me traite souvent comme tel dans de nombreuses situations de travail. Je pourrais facilement dire : « Oui, je suis peut-être encore jeune, mais je suis très mature pour mon âge et j'ai plein de choses à dire ! » Sauf que ça marche rarement. La seule façon pour un jeune d'être pris au sérieux et traité en égal par quelqu'un de plus expérimenté est de prouver sa valeur. Prouver qu'on a quelque chose à dire. Prouver qu'on fait des choses au-delà de son âge. C'est ce que j'essaie de faire : leur prouver qu'ils ont tort. Vous pouvez le faire, vous aussi.

Enfant, déjà, je me suis battu contre les étiquettes. Je me suis rendu compte que j'avais du mal à m'identifier avec une seule chose. Suis-je un sportif, un premier de la classe ou un mec que tout le monde aime bien ? Suis-je un gentil garçon ou un rebelle ? Est-ce que j'aime les garçons, les filles ou les deux ? Tout cela était très stressant et fatigant parce que ces questions jouaient un rôle énorme dans la façon dont je me voyais et dont les autres me percevaient, ce qui me terrifiait profondément. Je me suis même demandé si les gens allaient me juger parce que le bordeaux était, et est toujours, ma couleur préférée. Cette couleur est-elle trop féminine ? Et si oui, qu'est-ce que ça dit de moi ?

C'est à cause de ce besoin d'étiquettes de la société que nous avons tous, un jour ou l'autre, pris la pose dans la vitrine des réseaux sociaux pour inventer ou maintenir une certaine image de nous qui soit « cool », « évocatrice » ou « parfaite ». La première impression est importante, on le sait. Pourtant, la majorité d'entre nous, ne sommes-nous pas préoccupés par les étiquettes qu'on nous colle si vite, si mal, qu'elles soient de nature raciale, ethnique ou sexuelle, par exemple ? C'est peut-être pour cette raison que tant sont obsédés par les véritables étiquettes qu'on arbore sur nos vêtements parce que les marques sont censées représenter le fait qu'on soit cool, à la mode ou même riche, non ?

En réalité, les étiquettes brouillent ce que nous sommes vraiment. Elles couvrent les fissures et créent une image lisse qui ne nous laisse pas la liberté d'être vraiment nous-mêmes. Quand on me pose certaines questions susceptibles de catégoriser – et on m'en pose tous les jours –, j'hésite souvent à choisir une réponse parce que j'ai peur de ce qu'elle dira de moi. Dois-je dire que mon livre préféré est *Nos étoiles contraires* ou bien la biographie de Steve Jobs écrite par Walter Isaacson ? J'adore ces deux bouquins, mais à quel type de conclusion les gens vont-ils aboutir en fonction de ce que je répondrai ?

Voilà les conséquences des étiquettes : elles font le lit du juge-ment. Quelle que soit la façon dont les gens vous voient, vous serez forcément jugé par moments, souvent durement et à tort. Et ce sera basé sur ce que vous faites, ce que vous portez, aimez, sur les amis que vous fréquentez. Si vous êtes extrêmement intel-ligent, vous serez un « surdoué ». Si vous êtes incroyablement gentil, vous serez un(e) « brave gars/fille ». Si vous êtes légère-ment timide et pas très bavard, vous serez « ennuyeux » ou « pas agréable ». Mais, croyez-moi, les étiquettes en disent plus long sur ceux qui les collent que sur ceux qui les reçoivent.

Comme je l'ai déjà dit, dans la vie, l'important est de savoir qui l'on est. Nous sommes en croissance perpétuelle, en apprentis-sage, et nous changeons tout le temps. Tant mieux ! Franchement, je reconnaîtrais à peine la personne que je voyais dans le miroir l'année dernière si je la recroisais aujourd'hui. J'espère bien pouvoir dire la même chose tout au long de ma vie.

Alors, laissons les autres coller des étiquettes, mais faisons en sorte qu'elles ne nous limitent pas. Servez-vous plutôt de l'occa-sion pour prendre ces étiquettes et les redéfinir. Mettez-vous en valeur. Prenez de l'ampleur. Faites péter les barrières et les limites. Taillez-vous une identité unique, sur mesure. Refusez d'être caté-gorisé, classé et mis dans une case qui dissimulera votre vrai potentiel.

Qui êtes-vous ?

Réponse : Vous êtes qui vous êtes à cet instant. Sans étiquettes. Sans limites.

Souvenez-vous de ça à partir de maintenant.

Une personne valant la peine d'ignorer un peu son portable

C'est un jour comme un autre. Le soleil brille, les enfants jouent à la balle et à la balançoire dans la cour de récréation, et je suis assis à l'arrière du bâtiment de l'école avec ma copine Taylor, une camarade de ma classe de CP. Nous parlons de la vie, du réchauffement climatique, de politique et de notre espoir qu'il y ait des macaronis au fromage à la cantine ce midi… Bref, les sujets normaux des gamins de six ans.

Toujours prête à faire les quatre cents coups, Taylor me demande si je veux bien aller du côté des bennes à ordures ; elle a quelque chose à me montrer. Nous nous aventurons donc dans le petit local malodorant et nous arrêtons derrière une benne remplie de détritus. *Ça a intérêt de valoir le coup, Taylor,* me dis-je. *Ça pue trop, ici.*

— Tu as déjà embrassé une fille ? me demande-t-elle abruptement avec un regard malicieux derrière ses adorables lunettes rondes (presque aussi adorables que le jean et le tee-shirt qu'elle porte).

Je me sens rougir instantanément.

— Hein, quoi ? Euh, non…

— Tu veux essayer ? propose-t-elle sans la moindre gêne.

Cette assurance déconcertante, c'est du Taylor tout craché.

— Euh, d'accord, dis-je sans savoir si j'en ai envie. Je veux bien.

Elle ferme les yeux et se penche vers moi. Je l'imite. Nos lèvres se touchent, puis nous nous écartons vivement. Nos paupières s'ouvrent et nous nous regardons – mi-gênés, mi-surpris – avant de rigoler et de détaler dans des directions différentes. Une fois hors de sa vue, j'arrête de courir et rassemble mes esprits d'enfant. *Je crois que je suis amoureux*, me dis-je.

Quoi que cela puisse signifier.

J'aimerais pouvoir dire que les histoires de cœur deviennent plus faciles en grandissant, mais qu'on ait 6 ans, 10, 14, 18 ou 22, l'amour (ou ce qu'on prend pour de l'amour) est toujours capable de nous ramener à l'état d'enfant. C'est vraiment un sentiment indescriptible qu'on ne peut comprendre que lorsqu'il vous tombe dessus, vous fait perdre le contrôle et éprouver toutes sortes de choses irrationnelles. Nous perdons tous les pédales quand il nous jette un sort. Je ne pige pas. Mais j'aime ça.

L'amour, c'est compliqué. Tous ceux qui l'ont vécu, qu'il dure ou non, vous diront la même chose. On ne le voit jamais venir jusqu'à ce que, BAM !, il vous arrive en pleine face comme un ballon de foot. (Ou autre chose. Peut-être pas comme ça. Je déteste le foot, alors, je ne peux pas savoir, mais j'imagine qu'on ne s'attend jamais à ce choc ou qu'il fasse si mal.) Ce que je veux dire, c'est que l'amour est imprévisible, capable de frapper n'importe où n'importe quand. Regardez : Taylor m'a bien chopé derrière une benne à ordures ! C'était peut-être prévisible, ça ?

Au-delà du CP, les choses ont ensuite continué de la même manière pour moi. Je ne tirais aucun plan sur la comète à ce niveau-là. Je cherchais à peine à avoir des relations. Un jour, telle personne était seulement là, et voilà que toutes mes barrières tombaient. Ma première relation, ce fut avec une fille appelée Carlye. Elle était petite, fine, belle et pétillante. On était ensemble dans l'équipe de cross-country, et l'amour est né dans les cinq premiers kilomètres.

Bon, peut-être pas l'« amour », mais je pense pouvoir dire que j'avais craqué pour elle. Enfin, je crois. Je veux dire, comme on peut le faire quand on a 12 ans. *Elle est super sympa et super jolie*, me suis-je dit quand sa copine m'a annoncé :

— Carlye t'aime beaucoup, tu sais !

Très subtile, la copine !

— Ben, moi aussi, je l'aime bien, ai-je répondu timidement.

Elle est repartie vers Carlye et ses autres copines, et toutes se sont mises à glousser. Voilà comment j'ai eu ma première copine. Enfin, si on veut.

Les histoires d'amour sont étranges quand on est ado ou préado. Cette nouvelle relation consistait en des conversations maladroites, des sorties en groupe, à se tenir la main, et…, eh bien, c'est à peu près tout. Malgré le peu de choses qui se passait, tout cela me paraissait bien lourd. Tout était nouveau. Tout semblait être une question de vie ou de mort. C'était énorme ! Enfin, si on veut.

Nous sommes restés « ensemble » pendant environ deux mois. Ce fut bref, mais j'avoue que je ne ressentais pas grand-chose, en fin de compte.

À l'orée de l'adolescence, je suis entré dans la vraie phase d'expérimentation et j'ai fait mes premiers pas hésitants sur le terrain miné des relations. Sachez que cette route est longue, mes amis. Parce que, lorsque nous exposons nos émotions toutes neuves aux charbons ardents de l'amour, nous avons tendance, éblouis par l'excitation qu'il procure, à courir droit dans le feu.

Les relations *sont* du feu – et donc de la chimie. Pas d'étincelles, pas de départ de feu. Une fois que vous trouvez quelqu'un qui vous plaît physiquement, vous essayez de le connaître. Si vous découvrez que vous appréciez aussi sa personnalité, ses centres d'intérêt, sa compagnie, et si ce sentiment est réciproque, on franchit l'étape de sortir ensemble. Si, avec un peu de chance, cette étape se passe bien, alors, on fait un pas de plus, et la relation devient officielle. Félicitations ! Vous sortez avec une personne réelle ! BRAVO !

Ces trois étapes de base peuvent paraître simples et faciles, mais, si vous avez déjà essayé de le faire, vous savez qu'il n'en est rien. L'amour, c'est dur. *Vraiment* dur ! Et, à notre époque, tout est sûrement encore plus dur qu'avant, probablement parce que nous sommes perpétuellement entourés de distractions, sans parler des téléphones, des tablettes, des ordinateurs portables, des réseaux sociaux, des textos, des photos, etc. Nous avons un flux constant d'information au bout de nos doigts.

C'est une chance. Mais c'est un problème.

Je ne peux pas vous dire combien de fois je suis sorti avec des gens qui semblaient plus intéressés par leur téléphone que par ma compagnie. Eh ! Je suis quoi, moi, un mur ? PARLE-MOI, HUMAIN !

Heureusement, la majorité des gens que j'ai fréquentés ont un minimum de politesse et savent lâcher leur téléphone, même si j'en ai vu certains succomber à cette distraction facile lors d'un premier rendez-vous. C'est très malpoli. Et c'est tout à fait évitable. Je plains les gamins plus jeunes que moi qui sont nés dans cette ère technologique et devront toujours vivre avec sa folie.

Lors de mon pire rencard, j'ai oublié mon portefeuille chez une fille et on est rentrés ensemble en voiture sans dire un mot, tandis que j'étais dans des affres de tristesse (elle m'a réconforté en me disant que ce n'était pas grave, ce qui n'était pas mon avis). Mais oublier son portefeuille est une chose ; oublier les convenances sociales en est une autre, beaucoup moins pardonnable.

Au fond de moi, je suis assez traditionnel. Je ne drague pas sur des sites ou des applis et je n'aime pas téléphoner quand je suis avec du monde (à moins qu'il s'agisse de gens que je ne connais pas, auquel cas…, euh, non, je déteste fréquenter des inconnus). Je préfère également les appels aux textos, marcher plutôt que conduire, et la décontraction au chic. Je recherche les conversations profondes et ne supporte pas qu'un maudit téléphone y fasse obstacle. La personne avec qui vous sortez mérite toute votre attention. Si vous ne la lui accordez pas pleinement, c'est qu'elle ne doit pas représenter grand-chose pour vous. Tant qu'à faire, autant sortir avec celle à laquelle vous envoyez des textos, non ?

Cette position un peu stricte ne m'est pas venue naturellement dès le début. Il m'a fallu beaucoup d'expériences, d'observation et d'efforts de conscience pour changer mes façons de faire. Je me suis alors rendu compte de ce que je faisais ; j'ai vu les autres se conduire de la même manière et j'ai corrigé le tir. Mais vous commencez maintenant à savoir comment j'acquiers ce que je sais : en m'observant et en observant les autres.

Revenons à nos moutons – d'amour. Voici ce que j'ai appris : quand on aime, on doit avoir envie d'être avec cette personne autant qu'on est avec soi-même. Ça paraît fou, presque un désir de mort potentiel. La plupart des gens supportent déjà très mal d'être eux-mêmes 24 heures sur 24, alors, y ajouter un autre être vivant ! Pourtant, quand vous trouvez quelqu'un qui vous donne cette envie, c'est que vous tenez le bon bout.

Ma première relation autre qu'une passade de lycéen n'est survenue que lors de ma première année de fac. Lors des journées d'accueil, j'ai assisté à une fête avec mon nouvel ami Ricky. Nous sommes entrés dans la grande salle de réception et avons repéré un de ses vieux amis dans le fond de la pièce. À côté de cet ami se trouvait une fille nommée Bailey. Nous avons accroché immédiatement et sommes sortis ensemble pendant neuf mois, un laps de temps où il y eut beaucoup de premières fois pour moi. Je me contenterai de dire que j'ai enfin su ce que cela voulait dire, d'être profondément attaché à quelqu'un sous le mode amoureux ; être proches, être intimes, être dans une vraie relation. Pourtant, au bout du compte, je n'éprouvais rien, presque comme si j'étais spectateur de ce qui se passait. Je n'éprouvais pas ce fameux « amour » dont tout le monde parlait. Et je ne le voyais pas dans les yeux de Bailey. Je ne le sentais pas dans mon cœur, et, le moins qu'on puisse dire, c'est que ça me travaillait. Mon sentiment prédominant était la confusion la plus totale, et c'est par là que j'allais bientôt comprendre qui j'étais vraiment. Cela a continué quelque temps, et, chaque fois qu'une relation se brisait, je n'en souffrais même pas. Il manquait *quelque chose*, et il aurait été difficile d'ignorer cette intuition incontournable me disant que je devrais éprouver autre chose, de plus profond.

À l'époque, j'ai mis ça sur le fait qu'il était compliqué de rencontrer la bonne personne. Vous n'avez qu'à demander à vos parents. L'amour, c'est du boulot, surtout l'amour qui dure. L'amour, c'est être assis sans rien dire et apprécier chaque seconde qui passe juste parce que vous la partagez avec l'être aimé. L'amour, c'est lire dans les pensées de l'autre et finir ses phrases à l'avance parce que vous le connaissez par cœur. L'amour, c'est vouloir être physiquement aussi proches que possible parce que vous ne vous lassez pas de son odeur, de sa simple présence. L'amour, c'est faire passer l'autre avant vous parce que, tout simplement, quand il est heureux, vous êtes heureux. L'amour, c'est rester à la maison le week-end, commander un repas indien et regarder un autre documentaire ensemble parce que vous n'avez pas envie d'être avec qui que ce soit d'autre. L'amour n'a ni sexe, race, taille ou silhouette. L'amour est l'amour, une énergie qui fait fusionner les âmes. Et quand on tombe dans ses grands bras chauds, on ne veut plus jamais en partir.

Voilà ce qu'est l'amour pour moi. C'est là que je fixe la barre et je vois très bien dans ma tête quelle personne correspond à tout ça. Et vous ? Si ce n'est pas le cas, continuez à chercher. Cet amour existe quelque part et il finit par tous nous repérer, un jour. J'espère de tout cœur que vous trouverez la personne qui vous fera oublier votre téléphone pour vous épanouir en sa compagnie. Cette personne vous attend (à moins que vous ne l'ayez déjà trouvée ?).

Vivre maintenant, s'inquiéter plus tard

Il y a de ça un an seulement, jamais je n'aurais pu deviner ce que je vis aujourd'hui. Je repense à tous ces moments où je me suis inquiété sur le chemin à prendre, sur ce que je voulais faire, et que s'est-il passé ? Eh bien, la vie m'a mené là où j'étais destiné à aller. Ce n'est pas pour rien si les mots *destin* et *destination* partagent la même racine.

J'ai récemment lu ceci : *S'inquiéter, c'est payer les intérêts d'une dette qu'on ne remboursera peut-être jamais.* Cela m'a fait prendre conscience du temps que j'avais passé à m'inquiéter en pure perte au sujet des choses sur lesquelles je n'ai aucun contrôle. La vie nous réservera toujours des surprises ; parfois, c'est même le grand chambardement. Mais c'est justement ça qui est drôle. Le fait de ne pas savoir *est* l'aventure elle-même. Quel serait l'intérêt de la vie si tout était toujours noir ou blanc et prévisible ; si nous savions dès le départ où nous allons finir ? Je n'aimerais pas du tout ça. Pourtant, beaucoup d'entre nous sont tellement absorbés par le regret ou une inquiétude liée à des événements passés, et nous avons tellement peur de regarder vers l'avenir, que nous perdons de vue ce qui se passe ici et maintenant.

Depuis que je suis petit, j'ai toujours été de nature un peu inquiète. Je m'inquiétais de ce que les autres disaient ou faisaient, d'être intégré dans les groupes, de mes notes, de mon avenir, de ce que je voulais manger le midi, de quelle chaîne de télé regarder… Bref, de tout. Ce besoin excessif de savoir constamment ce qui allait arriver était le drame de ma vie. Je m'épuisais en pensant que la moindre décision pouvait lourdement peser sur le cours de ma vie, en bien ou en mal – ou que rien n'arrive. Du coup, je me mettais à lister toutes les éventualités dans ma tête en essayant de déterminer toutes les conséquences possibles.

En tant qu'adulte, il m'arrive encore de m'inquiéter pour des choses similaires, mais j'ai désormais des sujets d'inquiétude bien plus importants. Je me demande si j'ai rempli ma déclaration de revenus comme il fallait, si j'ai bien payé cette facture, si je devrais souscrire une assurance pour ci ou ça, si ma carrière va bien se passer ou non. Des trucs normaux, quoi. Des trucs normaux, mais bien flippants.

Heureusement, je parviens maintenant à mieux gérer toute cette rumination parce que je comprends que mon passé n'est qu'un souvenir, remplacé jour après jour par le présent. En vivant dans l'instant présent, je me crée un avenir bien meilleur. « Vivre maintenant, s'inquiéter plus tard », tel est ma nouvelle devise.

J'entends souvent des gens dire des choses comme :

— Ah ! si je pouvais revenir en arrière. C'était tellement mieux avant !

Ou :

— Je voudrais que cette période de ma vie soit finie. Tout sera tellement mieux plus tard !

La notion sous-jacente est toujours de se trouver AVANT ou APRÈS, ce à quoi je réponds :

— Et que fais-tu de MAINTENANT, sacré nom d'un chien ?!

On ne peut pas changer le passé. C'est fait. Fini. À moins qu'on n'arrive un jour à voyager dans le temps, vous feriez mieux de vous préoccuper de ce que vous avez aujourd'hui. Le futur est

inconnu et imprévisible ; cela reviendrait à essayer de contrôler l'invisible. Alors, quel intérêt ? Nous perdons tant de temps, d'énergie et d'émotion sur des choses incontrôlables. Pas étonnant que s'inquiéter soit aussi épuisant.

Au lieu de cela, nous ferions mieux de prendre conscience de ce qu'il y a de merveilleux dans le fait d'avoir devant nous un avenir si mystérieux. Destination inconnue. C'est comme être dans un film dont on ne connaît pas la fin. Considérez donc les choses comme ça.

C'est un type qui a opéré le tournant qui vous le dit : vous pouvez faire de l'instant présent un vrai miracle. Frottez-vous les yeux, ajustez votre regard et voyez ce que vous avez juste devant vous : le cadeau de la vie. Ce que vous ferez de ce cadeau vous appartient. Si vous avez envie de passer votre journée à tweeter sur la haine que vous avez de votre vie et votre hâte de vieillir pour que ça aille mieux, je vous souhaite bonne chance. Mais pourquoi attendre ?! Vous pourriez AGIR MAINTENANT. Qu'est-ce qui vous en empêche ? (Si vous êtes ado, la réponse « L'école » est refusée d'office. Vous pouvez très bien travailler là-dessus pour avancer vers l'avenir ; alors, pas d'excuse de ce genre.)

Personne n'a envie que sa vie se fonde sur des « si ». Alors, dans l'esprit de notre intérêt collectif, je vous suggère de changer vous aussi de point de vue. Arrêtez de regarder derrière vous. Arrêtez de regarder dans le lointain. Arrêtez de ressasser des attentes. Posez-vous et concentrez-vous simplement sur ce que vous ressentez et ce dont vous avez besoin en ce moment même. Puis, faites-le ! Chaque décision que vous prenez aujourd'hui est une brique pour bâtir l'avenir qui vous attend. Comme le disait Joseph Campbell : *Nous devons lâcher la vie que nous avions prévue pour pouvoir accepter celle qui nous attend.*

Alors, qu'est-ce que vous attendez ? Lâchez prise, les amis !

Respect pour mes aînés

J'étais à une réunion de famille, dernièrement, et j'ai décidé de passer la soirée à discuter avec la grand-mère de notre hôte. Bien habillée, ses cheveux blancs bien coiffés, elle avait une personnalité bien trempée. Nous nous sommes assis dans un coin et avons parlé de sa vie : où elle avait vécu, les souvenirs qu'elle chérissait, ce qu'elle avait appris… Nous avons même parlé d'un délicieux petit plat qu'elle faisait (et de la personne que je devrais tuer pour pouvoir obtenir cette recette !). Pendant toute cette conversation, j'étais fasciné par le récit qu'elle faisait d'une vie bien remplie.

Je ne vous l'ai pas encore dit, mais sachez que, 11 fois sur 10, je préfère parler à quelqu'un de 80 ans plutôt que de 18. Je tends vers la sagesse. Et les personnes âgées sont incroyablement craquantes ; j'ai du mal à leur résister. Elles ont tout vécu et possèdent toute une collection d'histoires à raconter. Si nous prenons le temps de nous asseoir, de les laisser parler et de les écouter vraiment, nous pouvons apprendre pas mal de choses. Respect à ceux qui sont là depuis plus longtemps que nous. Ils ont roulé leur bosse. Et ils connaissent la route.

Le long chemin
vers moi-même

Vous pensez peut-être que se trouver est dur et que cette quête se termine à la période du lycée ? Si seulement c'était vrai... Mais se trouver est la tâche de toute une vie. Au moment où vous pensez savoir qui vous êtes, la vie se charge de tout chambouler et de vous laisser de nouveau en pleine confusion. Pour l'immense majorité des gens, en tout cas.

Le chemin qui mène chacun vers soi-même est différent chaque fois. Quelles que soient les décisions et les directions que nous prenons, grandes ou petites, elles s'entremêlent toutes pour nous aider à comprendre qui nous sommes. Mais, à de nombreux carrefours, la confusion et l'hésitation que beaucoup d'entre nous éprouvent font partie intégrante du mystère de la vie. Parfois, vous aurez envie d'être quelqu'un d'autre. À certains moments, vous serez tentés de regarder en arrière. Mais, jusqu'à ce que vous trouviez votre chemin, tout ce que je peux vous conseiller, c'est de continuer à avancer, même dans le brouillard et vers une destination inconnue.

Je ne parle pas comme un vieux sage vivant en ermite au sommet d'une montagne. Je parle comme quelqu'un qui a vécu les affres de la confusion concernant sa propre identité. L'aiguille de ma boussole personnelle faisait sans cesse des tours de 360°, s'affolant sur la détermination de ma sexualité. Pendant une bonne partie de mes 22 années, je me suis battu en silence avec cette partie de moi.

Ce qui suit est mon histoire.

• • •

Depuis un très jeune âge, j'ai toujours su que j'avais quelque chose de différent sans pouvoir le cerner précisément. Je ne dis pas que j'avais ce sixième sens dès le berceau, juste que ma singularité se voyait 24 heures sur 24. Les adultes faisaient constamment remarquer à mes parents combien j'étais « bavard, plein d'énergie, expressif », ou évoquaient ma « forte personnalité pour quelqu'un de si jeune ». Évidemment, je n'ai jamais rien pensé de ces remarques, étant donné que j'avais encore du lait dans les narines. Pourquoi les gens qui restaient bouche bée devant moi diraient-ils autre chose que des paroles agréables ? Qui n'aime pas ce genre d'attention ? (C'était bien avant ma période de roi du *homecoming*.)

Il aura fallu attendre que j'aie 12 ans avant que mon point de vue ne commence à changer. J'ai alors commencé à remarquer des différences entre moi et les autres garçons ; notamment, qu'ils étaient moins animés. En grandissant, j'entendais beaucoup de jeunes dire que les gays se comportaient souvent comme moi, ce qui me sidérait et m'effrayait en raison de la connotation négative associée à l'homosexualité. J'ai donc commencé à me surveiller, à brider ma personnalité afin de mettre de la distance entre ce stéréotype et moi. Je censurais mes actes et mes paroles par peur de ce que je pourrais être.

Puis, je me suis mis à y réfléchir.

La question « Et si j'étais gay ? » m'est venue pour la première fois en tête quand j'étais en quatrième. Je ne sais pas ce qui m'a fait penser à ça, d'où cette pensée est venue. Peut-être quelque chose que j'avais vu sur Internet.

Peut-être une conversation avec des amis qui avait touché quelque chose de profond en moi. Ou peut-être était-ce juste le questionnement normal d'un jeune garçon titillé par la puberté. Qui sait ? En tout cas, une chose est sûre : j'y ai réfléchi. Mais VRAIMENT. Et ce questionnement intime et terrifiant m'a vite englouti. La terreur était l'émotion dominante – la peur d'être quelque chose dont j'ignorais tout ; la peur d'être pervers par le simple fait d'y penser. J'ai essayé de repousser ces pensées et me suis efforcé de me concentrer sur autre chose – n'importe quoi d'autre –, mais rien à faire : mon esprit était collé à ça comme un aimant, incapable de s'extraire de sa force. L'insomnie a débarqué et allait s'installer pour des années. Je projetais mes doutes sur le plafond de ma chambre que je fixais pendant des heures, complètement éveillé. Pire encore, le jugement et la haine de soi n'ont pas tardé à me harceler : comment osais-je penser à des choses aussi taboues ?

Étant issu d'une petite ville du Midwest, être gay n'était pas banal dans mon environnement ; du moins, personne n'en parlait ouvertement. Je ne connaissais aucun homosexuel et n'avais jamais parlé de ce sujet à qui que ce soit, dans ma famille et même en dehors. Tout ce que je sentais, c'était que la chose était mal vue. Mes parents n'avaient jamais abordé ce sujet ; j'ignorais donc quelle pourrait être leur opinion là-dessus. Et s'ils avaient ça en horreur, eux aussi ?

Voilà pourquoi j'ai décidé de ne rien dire. Je n'en ai parlé à personne, préférant tout garder pour moi et ne pas laisser s'exprimer cet instinct qui hurlait pourtant à l'intérieur. Personne ne devait le savoir. Parce que, si quelqu'un l'apprenait, ces pensées pourraient devenir réelles, et je serais forcé d'affronter les faits. Résultat des courses : je suis devenu triste et me suis senti très seul, comme beaucoup d'entre nous quand on est convaincu d'être le vilain petit canard. Cette détresse silencieuse s'est poursuivie jusqu'à mes années de lycée, moment où j'ai trouvé l'unique solution à mon problème : la seule façon d'être « normal » était de ne pas être gay. Simple, non ?

J'ai donc essayé ce que font presque tous les ados : sortir avec des filles. Faire semblant n'était pas trop difficile.

— Oui, elle est mignonne, disais-je quand on me posait des questions sur telle ou telle fille avec qui je traînais.

— Et alors, tu vas conclure ? me demandait-on, avide d'en savoir plus.

— Eh bien, elle est sympa et on s'amuse bien, alors, euh, oui, ça se pourrait, répondais-je, cédant à la pression.

Voilà comment les choses se passaient souvent. J'ai continué de mentir (à moi-même, à mes amis, aux filles) et de multiplier les rendez-vous. Quand les choses devenaient un peu sérieuses, je trouvais un prétexte bidon pour faire marche arrière. « Je n'ai pas le temps » et « Je dois vraiment me consacrer plus au sport » étaient les deux principales excuses que j'utilisais pour mettre fin à une histoire. La vérité, c'est que je ne ressentais rien. Ces filles étaient pourtant sympas, mais elles étaient hyper impliquées alors que moi, non ; je devais donc trouver une stratégie de sortie. Puis, pendant mes deux dernières années de lycée, j'ai dit à tout le monde :

— J'arrête de sortir avec des filles, c'est trop de boulot. Je recommencerai peut-être plus tard.

Les années ont passé et, à l'université, j'ai été intéressé par une autre fille. *Peut-être sera-t-elle celle qui chassera de ma tête l'idée que je suis gay ?* me suis-je dit. Mais un soir, alors que cette copine et moi étions en train de nous embrasser, je me souviens d'avoir pensé : *Bon, ça s'arrête quand ? Franchement, je m'ennuie. Comment les gens peuvent-ils aimer ça ?*

Comme vous pouvez vous en douter, cette relation n'a pas marché. Même en me laissant plus de temps, je ne parvenais pas à aimer les filles de *cette* manière, une prise de conscience qui m'a démoralisé comme jamais. Le désespoir s'est ajouté à ma profonde confusion, et j'ai commencé à accepter l'idée que je serais le genre de type qui n'aura jamais de relation, ne se mariera pas, l'éternel célibataire qui vit et meurt seul. J'ai fini par me convaincre que mon avenir ne pourrait pas être autrement et que je devrais m'y habituer.

À cette époque, je suis allé jusqu'à poster une vidéo sur YouTube intitulée *Je ne suis pas gay*. J'avais reçu tant de commentaires insultants sur ma sexualité que j'avais imaginé qu'un déni frontal y mettrait un terme. En postant quelque chose sur Internet, je pourrais affirmer une fois pour toutes qui j'étais, et on cesserait de m'embêter avec ça. Ce déni public constituerait un rempart permanent contre toute curiosité. Faisons maintenant un bond en avant de deux ans, quand j'ai déménagé à Los Angeles.

L'immense majorité des gens que j'ai rencontrés en Californie du Sud étaient des rêveurs : ambitieux, créatifs et barrés. Le soleil brillait toute l'année, et ma carrière était florissante. La vie ne pouvait pas me faire plus de cadeaux. De l'extérieur, je semblais être plus heureux que jamais. Mais, en réalité, ce fut la période la plus malheureuse de toute ma vie. Parce que les idées dans ma tête avaient dû trouver un mégaphone qui me hurlait chaque seconde de chaque jour : « TU AIMES LES GARÇONS ! TU ES GAY ! DIS-LE ! QU'EST-CE QUE TU ATTENDS ? » Malgré tout, je ne voulais pas l'admettre et gardais tout pour moi. Une personne de plus à afficher une façade heureuse à Hollywood.

Puis, le soir du 3 janvier 2014, je l'ai enfin dit. Enfin, je me le suis dit à moi-même, mais cet aveu personnel a été l'événement le plus important de mes 22 années d'existence. Je ne sais pas comment ça m'est venu, mais je me trouvais face au miroir de la salle de bain, en train de me regarder droit dans les yeux. J'ai soutenu mon propre regard en voyant les larmes me monter aux yeux et en sentant mon corps se mettre à trembler de plus en plus fort, de rage et de terreur.

— Je suis gay, ai-je dit à mon reflet dans un murmure. Je suis gay, ai-je répété un peu plus fort.

Ce qui s'est passé ensuite m'a surpris : j'ai souri. Au milieu de toute cette souffrance, j'ai souri, envahi que j'étais par une soudaine sensation de soulagement, comme si on cessait de m'étrangler. Comme si j'avais retiré mes propres mains de mon cou. Je me suis de nouveau regardé dans le miroir, et mon sourire

s'est agrandi, comme lorsqu'on accueille un vieil ami. J'étais heureux de l'image que je voyais.

Je savais que ce n'était que le début de la percée. Ensuite, il faudrait que je le dise à quelqu'un. J'ai passé les sept jours suivants à essayer de rassembler ce courage. Le 11 janvier 2014, à 5 h du matin, après avoir maintenu un de mes amis éveillé juste parce que j'avais envie de « me balader », pour la première fois, j'ai dit à quelqu'un en face :

— Je suis gay.

Sa réaction a été absolument parfaite. Il a d'abord paru surpris, mais la surprise a vite disparu, et il s'est tout de suite montré rassurant.

— Ce n'est pas un problème et tout se passera bien, a-t-il dit avec bienveillance.

Ce fut le jour (l'aurore) où j'ai senti que ma vie venait vraiment de commencer. La pleine acceptation de mon ami a été libératrice. J'étais libre. J'étais le vrai moi. Et je n'avais plus peur, du moins, plus autant qu'avant.

À partir de là, il fallait trouver le courage et le bon moment pour le dire à de plus en plus de gens. D'abord, quelques autres amis, puis mon père et ma mère, suivis d'autres amis, les frères et sœur, et encore d'autres amis, jusqu'à ce que presque tout le monde soit au courant. Par chance, ma mère venait me rendre visite en Californie ce printemps-là, et je savais que je devrais alors le lui dire. Tout lui dire, ce qui ne diminuait pas l'énormité de la tâche qui m'attendait. Je repoussai le moment jusqu'au dernier soir, alors que je la reconduisais à son hôtel en répétant, rongé de nervosité, en boucle les mots dans ma tête.

Nous nous sommes arrêtés devant son hôtel, nous sommes souhaité bonne nuit, et elle est sortie de la voiture. Juste avant qu'elle ne referme la portière, je lui ai dit :

— Maman, attends.

Je me suis dépêché de sortir de la voiture et je lui ai confié ce que j'avais sur le cœur.

— Mais ce n'est pas grave, mon chéri, a-t-elle dit. Ça ne me gêne pas du tout, tu sais. Tu as quelqu'un ?

Cette dernière question m'a particulièrement surpris. Elle outrepassait tous les petits détails et s'intéressait réellement à la situation globale. Depuis ce jour, nous sommes plus proches que jamais.

Quand je l'ai déposée à l'aéroport le lendemain matin, elle m'a demandé si elle pouvait le dire à mon père parce qu'elle n'aimait pas lui mentir. Quelques heures plus tard, je recevais un appel de ma mère qui me disait :

— Je te passe ton père.

Waouh ! Je ne pensais pas que ce serait si rapide, me suis-je dit.

Mon père eut la même réaction ouverte et chaleureuse, à ceci près qu'il pleura. Et moi aussi. Puis ma mère aussi. Il y eut beaucoup de larmes lors de ce coup de fil, mais, là encore, je me sentis mieux que jamais ensuite. Je décidai d'appeler ma sœur dans la foulée, de parler à mon grand frère sur Skype, et à mon petit frère en personne quand je reviendrais à la maison pendant l'été. Tous eurent la même réaction :

— Pas de problème, Connor. Je t'aime pareil.

Ils furent si formidables que j'ai regretté de ne pas le leur avoir dit plus tôt. L'amour triomphe toujours de la peur.

Une fois que la famille et les amis furent tous au courant, il ne me restait plus qu'un obstacle à franchir : l'annoncer en public à mes fans et *followers* sur YouTube. Ma nervosité est visible sur cette vidéo, postée le 8 décembre 2014.

Beaucoup de gens se sont demandé si j'avais « vraiment besoin de poster une vidéo sur ça », et d'autres ont réagi en disant :

— Pourquoi faut-il que le monde entier le sache ? N'as-tu plus rien de vraiment intime à garder pour toi ?

Sauf que cette vidéo allait au-delà de moi. Certes, le but premier était de me permettre d'assumer qui j'étais, mais elle devait aussi servir à aider ceux qui se trouvent dans la même situation. Avec l'audience que j'ai, je me sens souvent une certaine responsabilité de guider, d'informer et de nourrir mon public quand je peux le faire. J'ai réfléchi à cette vidéo pendant un mois ou deux en attendant de sentir le moment pour la poster.

En fait, j'avais filmé la vidéo de mon coming out deux jours plus tôt, mais j'ai d'abord trouvé le résultat merdique. La lumière n'arrêtait pas de changer, on entendait des bruissements de feuilles et, surtout, j'étais une vraie pile électrique. Mais je me suis posé, j'ai fait le montage, j'ai regardé la vidéo je ne sais combien de fois et j'ai fini par réaliser que j'étais trop dur avec moi-même.

Finalement, elle était pile comme je voulais qu'elle soit : réelle, brute, spontanée – et bien moi. Après deux jours de stress intense, j'ai chargé la vidéo à 10 h 06 et j'ai guetté avec angoisse les premières réactions. Les retours ont été incroyables, le résultat, plus sidérant que j'aurais jamais pu l'imaginer. Je m'étais inquiété de tout ça pour rien, comme j'avais douté auparavant de la réaction de mes proches.

Mon voyage, et le long processus consistant à rester fidèle à qui je suis, ne s'arrêtera pas là. Comme tout le monde, j'apprends à me connaître un peu mieux chaque jour. Je me surprends tout le temps en accomplissant des choses que je n'aurais jamais crues possibles. Mais ce chemin est plus dégagé que jamais. Le brouillard s'est levé, et les possibilités sont infinies. Sans rien pour me retenir et en restant fidèle à moi-même, j'ai sincèrement l'impression que le monde est maintenant grand ouvert devant moi.

Je sais que cette histoire ne parlera pas à tout le monde en surface, mais il ne s'agit pas seulement de sexualité. Il s'agit de dépasser nos plus grandes peurs. Il s'agit de se pencher sérieusement sur ce qui nous retient. J'ai fait tomber une barrière qui m'a longtemps paru infranchissable. Bien trop longtemps, je me suis laissé croire que jamais je ne serais en mesure de la franchir.

Nous avons tous des barrières sur notre chemin. Quelle est la vôtre ? Qu'avez-vous envie de faire, d'être ou de dire, et que vous n'osez pas aborder par crainte des opinions des autres, de vous-mêmes ? Rappelez-vous ceci : vos pensées, vos envies, vos besoins et vos désirs sont légitimes. Si vous ne cessez de revenir vers un chemin de vie que vous avez trop peur d'emprunter, songez à accepter le fait que la vie vous mène par ici ; et un jour, peut-être, essayez d'y aller. Dépassez la peur du « Et si… » et faites-le, simplement. Alors, et alors seulement, vous saurez réellement qui vous êtes.

Il m'a fallu beaucoup de temps pour accepter ce que je suis et être en paix avec cette personne. Je regrette de ne pas l'avoir fait plus tôt. Le regret vient quand on ignore un chemin qu'on aurait dû prendre. Ne l'entretenez pas. N'hésitez pas. Je suis gay. Je vis maintenant en harmonie avec moi-même. Et c'est tout ce que je vous souhaite : commencez à vivre aujourd'hui, pas demain.

Ça va mieux, vraiment

— La vie n'est pas juste ! Pourquoi faut-il que ce soit si dur ?!

Nous avons probablement tous été coupables de penser, dire et croire cela. Mais la chose la plus difficile à accepter en grandissant est celle-ci : la vie, avec ses hauts et ses bas, ne sera jamais un long fleuve tranquille, pour qui que ce soit, à n'importe quel âge.

Question : Pourquoi faut-il avoir à se battre autant dans la vie ?

Réponse : Parce que, si nous n'avions pas à nous battre, les victoires n'auraient pas autant de saveur. Voilà pourquoi il est important d'être conscient des moments de bonheur que l'on vit, de les chérir et de s'en souvenir, surtout quand on traverse des moments moins heureux. Mon expérience m'a appris qu'on ne peut pas se voiler la face devant les périodes difficiles – uniquement espérer qu'elles passeront rapidement. Il faut les regarder droit dans les yeux en disant : « J'ai appris de ce que j'ai vécu dernièrement, mais maintenant il faut que je remonte la pente » et commencer à la remonter jusqu'au sommet. Comprendre le rythme des hauts et des bas, lesquels ne cesseront jamais de se succéder, peut aider à surmonter beaucoup d'angoisses. C'est comme savoir que le soleil reviendra toujours après la tempête. Les gens ne remettent jamais en question cette loi de la nature, même ceux qui vivent à Seattle[1].

---

1. La ville de Seattle est réputée pour son ciel souvent couvert. (NDT)

De la même manière, nous devrions faire confiance à notre propre nature. Pour beaucoup de gens, l'adolescence est une période de bataille. Les épreuves et mésaventures de cet âge nous fournissent des enseignements que les professeurs ne nous donnent pas. Personne n'écrit jamais au tableau : *La vie va être dure. Il va falloir vous y faire.* En fait, l'enseignement le plus vrai parmi tout ça est que notre expérience de la souffrance (et, peut-être, notre premier contact avec la déprime ou la dépression) commence à l'époque du lycée. Qu'il s'agisse d'une peine de cœur, de harcèlement, d'angoisse, de stress ou d'une tristesse générale, nous sortirons tous du lycée avec en poche un diplôme en émotions dures à avaler. C'est un peu notre premier stage de préparation à cette phase exténuante de la vie qu'on appelle l'âge adulte. Un mal nécessaire qu'on doit vivre, même si ça craint. Et, souvent, ça craint carrément.

J'ai vécu les affres de la tristesse quand ma petite voix intérieure a commencé à me souffler que j'étais homo. Avec le recul, je me rends compte que je n'ai pas été très malin de tenter de gérer ça tout seul, mais, malgré tout, ma souffrance, mes doutes et ces années d'enfer m'ont livré de précieuses leçons. La bataille qui se jouait en moi m'a éduqué et fait grandir. Voici une citation d'Israelmore Ayivor qui illustre bien les choses :

> *Lorsque vous êtes accablé de souffrance, pensez à ceci : le couteau doit être affûté en le frappant et en le frottant contre quelque chose de dur avant de pouvoir servir. Vous serez plus grand après la bataille !*

Il est toujours pénible de devoir lutter. Et encore plus quand on lutte *seul*. Mes années de lycée ont été une lutte silencieuse. Avec le visage courageux que j'arborais, personne n'aurait pu deviner que, livré en pâture au gouffre de mes pensées, je pleurais souvent pendant mes nuits d'insomnie. Personne n'aurait pu deviner l'existence des démons que j'affrontais. Je ne voyais pas le bout du

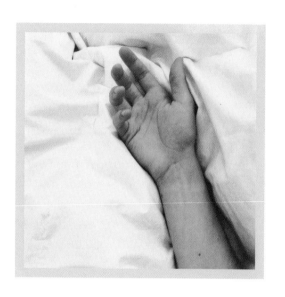

tunnel. *Qu'est-ce que j'ai ? Pourquoi suis-je comme ça ? Est-ce que ça va s'arrêter un jour ?* Dévoré par l'absence de réponses, je me posais ces questions tous les jours.

Lorsque je suis arrivé à l'Université de St John's, du Minnesota, toute ma tristesse refoulée ainsi que mes mauvaises notes de première année et l'absence de projet dans ma vie m'ont mené à une légère dépression. J'avais besoin d'une issue. Je voulais partir de là. Ce que j'ai fini par faire, après ma deuxième année de fac, et qui s'est trouvé être la bonne décision pour moi (même si je ne recommanderais pas à tout le monde d'en faire autant). Mais, jusqu'à ce moment, j'ai encaissé vague sur vague de déprime. Je n'avais pas envie de sortir avec des amis et n'osais plus parler de rien à personne, au cas où un sujet sensible arriverait dans la discussion.

Rien ne nourrit autant la dépression que de rester seul avec ses pensées négatives. C'est un cercle vicieux qui vous entraîne au fond du fond. Et, incapable d'arrêter le mouvement, j'ai continué de descendre. Plus rien ne me faisait plaisir, pas même ma carrière de youtubeur, qui commençait pourtant à prospérer. Plus rien ne me remontait le moral. Tout me semblait si noir que les rares fois où je me sentais mieux, je me reprenais et retournais à mes pensées négatives. C'est comme ça, la dépression : un cercle vicieux. Je n'étais pas près de rompre cette boucle infernale.

Et puis, finalement, j'ai pris conscience que la seule personne capable de me sortir de tout ça, c'était moi. Nous avons tous le choix quand nous nous sentons mal : devenir la pauvre victime ou le conquérant autoproclamé. Rester à terre ou se relever. Après avoir identifié la cause profonde de mon mal-être et après m'être avoué et avoir avoué aux autres mon homosexualité, les nuages ont commencé à se dissiper. Et quand j'ai fait l'effort de dépasser cette peur, tout le reste s'est remis en place. J'ai commencé à voir la vie autrement et à être un peu moins dur avec moi-même. Peu à peu, le bonheur a repris ses droits.

Aujourd'hui, des petites choses suffisent à me rendre heureux, comme aller me promener, prendre un café avec un ami ou créer quelque chose d'original. Sincèrement, je trouve maintenant du bonheur partout. Après des années de confusion, cela fait vraiment bizarre de sourire n'importe quand et de m'autoriser à être bien. Je ne me l'étais jamais permis avant. C'est dur à expliquer, mais j'ai l'impression d'avoir redécouvert une émotion que j'avais égarée, ou d'être réconcilié avec un vieil ami perdu de vue depuis des années. Nous traversons tous des périodes difficiles.

Mais, au lieu de résister à la bataille comme je l'ai fait, accueillez-la, acceptez-la et donnez-lui le temps qu'il faut pour la comprendre. Si une chose est vraie, c'est bien celle-ci : rien ne dure éternellement. Quels que soient vos problèmes d'aujourd'hui, ils ne seront sûrement plus d'actualité demain, la semaine prochaine, le mois prochain ou l'année prochaine. Un jour, cette bataille sera finie et vous avancerez.

Alors, oui, la vie comporte ses hauts et ses bas. Mais ceux qui apprennent à remonter les pentes jusqu'au sommet réaliseront de grandes choses. Qu'attendez-vous ? Commencez donc l'ascension.

Où je trouve du bonheur

1. Quand je suis allongé sur le dos dans un champ sans rien d'autre à regarder que la lune et les étoiles.

2. Quand je prends le temps de savourer mon premier café du matin, juste après m'être levé.

3. Quand j'allume une nouvelle bougie et me retrouve baigné dans le parfum qu'elle diffuse dans la pièce.

4. Quand mes jambes touchent pour la première fois la fraîcheur des draps lorsque je me glisse dans le lit.

5. Quand je regarde les gens dans un endroit animé. Je suis toujours aussi fasciné par la nature humaine.

6. Quand j'ai une discussion profonde et intime avec un proche. Ou quand on parle de tout et de rien.

7. Quand je prends une belle photo. Quand je capte un instant que je suis le seul à voir.

8. Quand je crée quelque chose ; quoi que ce soit, d'ailleurs. La joie de trouver une idée, l'exécuter et la regarder prendre vie.

9. Quand je vis quelque chose pour la première fois. La vie devrait être une suite de premières fois.

10. Quand je me promène tard le soir. Les rues sont vides. Le seul bruit que vous entendez peut être un léger

bruissement dans les arbres, à cause du vent. On a alors toute la place pour penser, pour respirer.

11. Quand je fais rire ou sourire quelqu'un. Pour de vrai. Pas les rires ou sourires forcés.

12. Quand je voyage dans un nouvel endroit et me sens totalement immergé dans cet environnement : la nourriture, les gens, la culture. J'adore vivre des expériences venues du monde entier.

13. Quand je joue, caresse ou câline n'importe quel animal mignon. *N'importe* lequel, du moment qu'il est mignon !

14. Quand je conduis les vitres ouvertes et la musique à fond. Une expérience vraiment exaltante.

15. Quand je vois mes amis réussir et accomplir de grandes choses. Il y a une vraie fierté et un réel plaisir par procuration à voir vos proches faire ce qui les rend heureux.

16. Quand je me réveille beaucoup plus tôt que nécessaire, que je regarde l'heure et retourne dormir.

Tous les jours, nous devrions faire quelque chose qui nous donne le sourire et nous fasse plaisir.

La décision
qui a tout changé

En haut, en bas. À gauche, à droite. En diagonale, puis par l'autre diagonale. Voilà comment s'est passée ma deuxième année de fac : j'étais tiraillé dans tous les sens. Alors que mes amis semblaient contents de leurs projets, moi, j'étais complètement perdu sur le chemin à prendre : poursuivre mon éducation pour consolider mon avenir professionnel, ou suivre les occasions qui s'ouvraient à moi sur YouTube ?

Le dilemme était énorme. Les cours que je suivais commençaient à me paraître dénués d'intérêt (sauf celui d'arts plastiques, que j'adorais). Je m'ennuyais à mourir, au point qu'il m'arrivait parfois de m'endormir en cours. Mes professeurs n'ont pas dû apprécier, mais, même les yeux fermés, alors que des couleurs défilaient sous mes paupières, j'avais redressé la barre et retrouvé un niveau supérieur à celui de ma première année. C'est fou ce qui peut changer en un an, non ? Cela dit, j'avoue que certains cours magistraux auxquels j'assistais étaient d'excellentes solutions de rechange aux somnifères autorisés (quoique bien plus onéreux).

En apparence, tout allait bien, alors qu'en réalité, je perdais toute motivation. J'étais à peu près au milieu de mon cursus universitaire, je visais une licence en commerce et je détestais presque tout ce que j'étudiais. Je ne voulais pas finir salarié dans une entreprise comme tant d'étudiants de ma filière avant moi. Je sais que ça semble ridicule, étant donné que c'est ce pour quoi j'avais signé, mais, bon, disons que j'étais jeune et naïf. Ne m'accusez pas. Accusez donc quelqu'un d'autre !

J'avais même perdu toute illusion concernant le sport, ce qui ne m'était jamais arrivé auparavant. *À quoi ça sert ?* me disais-je. *Je gagne quelques compétitions, OK, et après ? Une fois mes études finies, à quoi ça me servira ?* Si je n'avais pas eu d'amis proches dans les équipes de cross-country et de natation, j'aurais jeté l'éponge immédiatement.

Je savais ce qui m'intéressait : Internet. YouTube, Twitter, Instagram, Tumblr, etc. Je ne pouvais pas décrocher de la croissance permanente de mon univers de réseaux sociaux, et cela commençait à envahir ma vie, à mobiliser toutes mes pensées (ce qui m'allait très bien).

Le soir, dans mon lit, je me laissais aller à la tentation d'envisager une carrière sur YouTube. Pourquoi ne pas tenter le coup ? J'avais vu d'autres youtubeurs en faire leur métier. Et si je faisais comme eux ? Si je me concentrais exclusivement sur le projet de transformer ce hobby en un défi d'excellence ?

Cette histoire de YouTube s'était faite tout naturellement, et je commençais à gagner pas mal d'argent, au point où je pourrais le considérer comme un vrai travail si la croissance de mon réseau se poursuivait. Seulement, l'idée de quitter les études pour YouTube me paraissait complètement folle.

Je ne peux pas gâcher ma vie pour un hobby, me disais-je. *Qui ferait un truc pareil ?! Des gens qui ont envie de se retrouver SDF dans trois ou cinq ans, peut-être.*

C'était un choix de carrière précaire qui risquait fort de ne pas tenir bien longtemps.

Les choix difficiles sont toujours stressants, surtout quand ils ont des conséquences directes sur le reste de votre vie.

Je m'arrache souvent les cheveux pour prendre des décisions toutes simples. Quand il s'agit de grandes décisions importantes, j'ai besoin d'en parler avec des amis. Beaucoup. J'ai toujours peur d'avoir un regard simpliste sur les choses, de passer à côté d'autres options. Mais mon instinct était si fort sur ce sujet que j'avais envie de dire aux autres que je n'étais pas fou de penser ce que je pensais. Ils ne l'ont pas compris. Comment auraient-ils pu ? Moi-même, je ne le comprenais pas totalement, alors que c'est à moi que ça arrivait.

J'en ai parlé et reparlé, j'y ai pensé et repensé. Les mois sont passés, presque en pilote automatique. J'avais l'impression d'être un robot pendant ces mois d'hiver, où je ne faisais que le minimum en espérant que les choses allaient se décider toutes seules. C'est alors que la vie m'a tendu une perche.

Un jour, j'ai reçu un texto de Ricky, un ami de YouTube :

Salut, Connor ! J'ai été pris en stage à Los Angeles pour cet été, et mes parents sont OK pour que j'y aille ! Tu veux venir avec moi ?

J'ai fixé l'écran, lu et relu le message en réfléchissant à cette invitation. C'ÉTAIT EXACTEMENT CE QUE J'ATTENDAIS : que quelqu'un prenne une décision à ma place. (Insérer ici des émoticônes avec larmes et mains jointes.)

J'ai tapé ma réponse à toute vitesse : *Je dois d'abord en parler à mes parents, mais oui ! Carrément !* ai-je répondu.

Un week-end prolongé arrivait, durant lequel je passerais donc quelques jours avec mes parents. J'ai rassemblé tout mon courage pour aborder le sujet. Puis, au moment où ils m'ont paru bien détendus et réceptifs, j'ai annoncé mon plan pour les vacances d'été.

Curieusement, ils ont tout de suite accepté. Peut-être était-ce parce que mes parents savent ce que c'est que d'avoir envie de voyager et d'explorer le monde, mais ils ont abordé la chose de façon pratique et pragmatique, histoire de vérifier que j'y avais bien réfléchi.

— As-tu les moyens de te payer le billet et de vivre là-bas ? a demandé mon père.

— Ouaip ! ai-je fait.

— Tu travailleras dur sur ton YouTube, tu seras sérieux et tu ne feras pas n'importe quoi ? a questionné ma mère.

— Plutôt, oui ! ai-je dit. Et, comme je serai tout le temps avec Ricky, il n'y a pas de raison de s'inquiéter.

Voilà qui a suffi à les convaincre ; ça, et le fait que j'avais une bonne année de fac derrière moi. J'étais aux anges. J'allais prendre la route, traverser le pays pour me rendre dans la ville où les rêves deviennent réalité, la ville où, peut-être, avec un peu de chance, mes rêves *à moi* deviendraient réalité.

Je me suis allongé sur mon lit et me suis laissé aller à rêvasser, ne croyant pas à ce qui m'arrivait. Vous savez, quand on veut quelque chose de toutes ses forces, mais qu'on ne croit pas que ça arrivera un jour ? Le genre de chose qui vous dévore l'esprit, ce

dont on rêve tout éveillé ? Eh bien, c'était ce genre de chose pour moi, même si je ne pouvais toujours pas définir ce qu'était cette « chose », à part, peut-être, une issue possible. Je tenais enfin mon issue pour sortir de ce-que-je-faisais-sans-avoir-envie-de-le-faire. Je crois que j'ai dû empoigner mon oreiller pour hurler dedans à pleins poumons tellement j'étais fou de joie, cet après-midi-là.

Je ne savais rien de l'aventure dans laquelle j'allais embarquer. Les données inconnues et les possibilités étaient infinies. Tout ce que je savais, c'est que j'allais en profiter à fond. Si les choses se passaient bien, je resterais. Sinon, je rentrerais. Que pouvait-il m'arriver de grave ? Il faudrait juste que je sois assez malin pour saisir cette occasion rêvée. *Je peux emprunter la route du succès ou de l'échec*, pensais-je. *Aussi faciles à prendre l'une que l'autre. Ou dures, selon la perspective.*

Cet été 2012 serait ce que j'en ferais. Mais avant ça, je devais boucler mon semestre. Pendant le reste de l'année universitaire, j'ai réussi à maintenir de bons résultats en cours, à exceller en sport tout en continuant de poster chaque semaine mes vidéos sur YouTube. Je suis parvenu à garder un équilibre entre ces deux mondes, mais ça n'a pas toujours été facile.

Il y eut beaucoup de longues nuits, de fêtes manquées et de conversations frustrantes qui vinrent compliquer la fin de mon année. L'important était de faire passer mes priorités avant moi, mais sans les laisser me contrôler. Avec la chance que j'avais, je ne devais pas craindre l'échec. Je devais adopter une pensée positive. Parfois, la vie vous met un coup, mais, ce qui compte, c'est de vite se remettre en piste. Plus longtemps on reste à terre en se plaignant, moins on a de temps pour se redresser et repartir du bon pied. J'avais mordu la poussière, j'avais stagné à terre assez longtemps. Les choses se mettaient en place, et le puzzle de ma vie semblait plus complet que jamais.

J'étais allé haut, bas, à gauche, à droite, et partout à la fois. Désormais, je me dirigeais vers ce qui me semblait être la bonne direction : à l'ouest, à Los Angeles, en Californie.

Un grand bond en avant

Je ne partais pas pour quelques jours ou quelques semaines. Mon billet était un aller simple. Une escale, une destination. Pas étonnant que mon cœur ait battu plus vite qu'à l'accoutumée quand mes parents m'ont déposé au petit aéroport de La Crosse, dans le Wisconsin. *Ça y est, c'est le début d'un grand voyage*, me suis-je dit en agitant la main pour leur dire au revoir, comme un petit enfant partant pour la première fois en camp de vacances.

Je me souviens très bien des angoisses de dernière minute de mes parents au moment de me laisser partir pour l'été :

— Tu vas MOURIR ! ne cessaient-ils de dire. As-tu assez d'argent ? Comment vas-tu en gagner ? Tu n'as même pas fini tes études !

On peut dire qu'ils avaient perdu la tête. Je crois que ça leur est tombé dessus quelques jours avant mon départ. Moi, j'ai juste haussé les épaules. *Je m'en fiche. Ils ont déjà dit oui, et mon billet est réservé.*

Même si je comprenais leurs appréhensions, j'étais totalement euphorique et pas du tout inquiet. Que pouvait-il arriver de mal ? Rien. Pourrais-je mourir ? Non, ce ne sont pas des choses qui arrivent pour de vrai. (Pensée typique d'un ado/jeune adulte qui se croit invincible.)

J'allais atterrir en Floride pour rencontrer mon pote et futur coloc Ricky Dillon. Tous deux youtubeurs, nous nous connaissions

depuis environ un an et avions hâte de nous retrouver dans la chaleur de Los Angeles. Nous avions parlé de faire ce genre de chose depuis notre rencontre ; alors, vous pouvez imaginer notre niveau d'excitation quand nous avons commencé notre *roadtrip*.

Je vous ai dit qu'on a conduit ensemble pendant trois jours entiers pour traverser tous les États-Unis, dans une voiture remplie à ras bords de tout ce dont on pourrait avoir besoin pour un été à Los Angeles (et même plus) ? Non ? Eh bien, voilà, c'est juste un détail. Hum.

Les détails, on s'en fichait. L'important, c'était d'arriver là-bas.

— C'EST PARTI !!! ai-je hurlé quand on a embarqué dans la Kia Soul orange pétant de Ricky. Il nous a fallu trois journées entières pour parcourir les quelque 3700 kilomètres nous séparant de LA. Pendant le trajet, nous avons dormi dans des hôtels miteux, écouté plein de musique, parlé de la vie, perdu notre chemin, récupéré notre ami JC Caylen, percuté un ou deux oiseaux, été contrôlés par la police, et nous sommes tombés en panne d'essence en plein milieu du désert. Comme tout le monde, quoi. Mais c'était une sacrée aventure. Ce n'est pas tous les jours qu'on traverse le pays entier en voiture. (Je vous recommande de le faire, si vous en avez un jour l'occasion. Personnellement, je n'oublierai jamais ce voyage.)

Nous sommes devenus très proches, tous les trois, pendant cette expédition, ce qui me semble normal quand on passe plus de 30 heures dans un véhicule. C'est soit ça, soit on finit par avoir envie de s'étriper. Croyez-moi, ça arrive. Heureusement, Ricky, JC et moi avions presque le même âge. Nos vies entières tournaient autour d'Internet, et nous venions de lancer notre site collaboratif, *Our2ndLife*, avec nos amis Kian Lawley, Sam Pottorff et Trevor Moran, lequel avait l'avantage de vivre déjà en Californie.

En gros, on partageait tous un site, en plus de nos sites perso, sur lesquels on chargeait six vidéos différentes par semaine autour d'un thème général. J'étais surexcité d'être enfin, et en permanence, entouré de personnes qui me ressemblaient. Ces nouveaux amis m'ont ravi. Nous avions les mêmes centres d'intérêt et les mêmes ambitions dans la vie. Cela me faisait un bien fou de sentir que je n'avais pas à me retenir d'être moi-même parmi eux. Avec ce voyage, nous étions prêts à viser nos objectifs ensemble.

Ce que nous avons fait individuellement, mais aussi avec *O2L* (*Our Second Life*), qui n'a pas tardé à devenir la plus grosse plate-forme collaborative sur YouTube, avec presque trois millions d'abonnés. À part ça, l'expérience m'a rapporté cinq des meilleurs amis dont quiconque puisse rêver. Mais assez parlé de ça. Revenons à notre incroyable *roadtrip* !

De A jusqu'à Z, cette expérience partagée a été énorme pour moi. Grandir, c'est faire plein de petits pas, des sauts et de grands bonds en avant (aucun n'étant plus facile que l'autre). On ne peut jamais être préparé à tout ça. MAIS on en ressortira toujours métamorphosé. Me pousser à sortir de ma zone de confort a été la meilleure décision que j'aie jamais prise. Sans ce mouvement, je n'en serais jamais là où j'en suis aujourd'hui professionnellement, personnellement et dans tout ce qui existe entre ces deux pôles. Renoncer à ma zone de confort m'a forcé à voir le vrai monde en face, loin de tous ceux et de tout ce que j'aime et connais. Ça fait peur au début, mais c'est ce qui a fait de moi un adulte, et nous devons tous y passer un jour.

Je ne prétends pas que vous devez tous déménager à Los Angeles. Ce que je veux dire, c'est que nous pressentons tous quels bonds en avant nous pourrions faire pour être plus heureux et que, souvent, nous les évitons.

Pendant un moment, j'ai évité ce que je voulais en restant à la fac et en faisant ce que les autres voulaient que je fasse, et ça ne m'a pas plu du tout. Mais, dès que je me suis rendu compte à quel point je stagnais, avec zéro motivation, alors, et alors seulement, je fus prêt à initier un changement.

Je suis jeune, je n'en suis qu'à un quart de ma vie – ou moins ! – et j'ai encore une quantité infinie d'informations à apprendre, beaucoup de choses à expérimenter et d'innombrables personnes à rencontrer ou lieux à visiter. Il y a tant de choses à goûter dans ce vaste monde, et les occasions sont infinies. La seule chose qui vous retient de les vivre, c'est vous-même, et les fausses limites que vous vous imposez. Vous seul, et personne d'autre.

Faire de grands bonds prend du temps. On ne se réveille pas comme ça un jour, avec une révélation qui change la vie, pour sauter immédiatement. Enfin, vous pouvez essayer, mais il est peu probable que ça marche. À moins que si. Je ne sais pas. Ce que je sais, c'est que, moi, j'ai eu besoin de temps avant de transformer une idée en réalité avant de me sentir prêt.

Il m'a fallu beaucoup de réflexion et de préparation avant d'entrer dans ce mouvement. Même avec tout ça, je ne me suis jamais senti tout à fait prêt à me lancer. C'est drôle, d'ailleurs, maintenant que j'y pense avec du recul. En fait, comment aurais-je pu être vraiment prêt ? Comment aurais-je pu me préparer pour l'inconnu ? Parfois, il faut simplement prendre son élan et avoir confiance en soi.

L'idée de quitter l'université n'était pas simple.

L'idée de déménager et de me lancer dans une carrière dans un autre État me semblait de la folie.

Mais, au bout du compte, les possibles récompenses qui m'attendaient étaient plus grandes que les risques. Je suis donc parti pour Los Angeles en plaçant tous mes espoirs dans ce voyage, en croyant fermement qu'il ouvrirait un nouveau chapitre de ma vie. C'était tout ce que je pouvais espérer.

Apprendre à me connaître

À mesure que nous grandissons et que les liens avec nos parents, frères et sœurs et amis proches se relâchent doucement, nous commençons à mieux comprendre la signification de l'indépendance. Il ne s'agit plus de la rengaine « Je veux qu'on me fiche la paix ». Il ne s'agit plus d'être planqué derrière la porte fermée de sa chambre. Je parle de la vraie indépendance, quand on quitte le foyer pour s'aventurer seul dans le monde.

Un frisson me parcourt le dos rien que d'y penser.

La plus grande étape pour moi en grandissant a été ma décision d'aller à la fac. À l'époque, je me disais : *Génial ! Je vais enfin vivre seul et pouvoir faire ce que je veux !* Mais, quelques semaines plus tard, la réalité m'a rattrapé : il n'y avait personne pour faire ma lessive, préparer mes repas, me conduire ici ou là ou m'aider globalement. *C'est nul*, me suis-je dit. *C'est dur !* Finalement, j'étais un mec comme les autres. (Une larme coule de mon œil tandis que, totalement immobile, je contemple le monde autour de moi.)

J'appelais quelquefois ma mère (bon, presque tous les jours, j'avoue), mais j'ai quand même réussi à m'adapter au changement. Je suppose qu'au bout du compte, on finit tous par s'y habituer.

Deux années de fac plus tard, alors que mon compte YouTube décollait, j'étais prêt à passer au stade supérieur : quitter ma région et me lancer professionnellement. Le moment était venu de mettre un terme à mes études et de passer à des choses plus sérieuses en Californie.

Déménager à Los Angeles était terrifiant. Je n'avais pas de voiture. Je n'avais jamais payé mon propre loyer. Et, à cause des habitudes culinaires de ma mère et de la cantine de la fac, j'avais à peine acheté un légume de ma vie. Qui aurait cru que le simple fait de manger soit un tel problème ? Alors, oui, j'avais quelques appréhensions en pensant à vivre seul sur la côte ouest. J'ignorais totalement ce qu'était la vraie vie et ce que signifiait réellement « se débrouiller tout seul ». Sans parler du fait que je devrais à nouveau me refaire des amis, ce qui n'est jamais facile. Oui, être seul, c'est dur.

Se faire des amis à l'école est difficile, mais cela s'enclenche quand même naturellement quand on partage des cours, des repas, des activités sportives. A contrario, lorsqu'on quitte toute cette vie sociale imposée, il n'appartient qu'à soi d'aller vers les autres.

Aucune loi ne vous interdit de rester toute la journée dans votre appart pourri sans rencontrer personne, en sortant seulement pour acheter le strict nécessaire. C'est vous qui décidez. La structure et la discipline de l'école et de l'université s'écroulent, vous obligeant à reconstruire votre propre réseau.

Comme vous pouvez l'imaginer, je me suis vite fait des amis. Ce qui m'a aidé, c'est d'avoir emménagé avec JC et Ricky, qui connaissaient déjà du monde là-bas. Mais, à mesure que le temps passait et que j'apprenais à me connaître (mes goûts, mes habitudes, ma personnalité), je me suis rendu compte que je n'aimais pas vivre avec d'autres personnes. J'aime contrôler mon espace de vie, sa propreté, son approvisionnement (ou son absence de). J'ai donc déménagé pour vivre seul après avoir partagé un appartement, puis une maison avec Ricky, JC et Kian pendant presque un an et demi.

C'est là que la solitude s'est fait sentir.

Vivre seul comporte beaucoup de hauts et beaucoup de bas. Si votre logement est un souk, c'est votre responsabilité. Si quelque chose se casse, c'est à vous de le réparer ou de payer les réparations. Tout ce qui se trouve dans cet espace vous appartient. Je sais que tout cela est évident, mais vous voyez ce que je veux dire ? Votre vie est vraiment entre vos mains. Rien ni personne ne vous retient ou n'intervient dans votre façon de faire. C'est un sentiment extrêmement libérateur.

Et puis, il y a les bas. J'ai connu beaucoup de soirées où j'aurais aimé avoir de la compagnie : quelqu'un dans la pièce d'à côté, assis sur le canapé en train de surfer sur le Net ; quelqu'un avec qui sortir et aller chercher un petit truc à manger ; quelqu'un à appeler pour lui dire d'acheter du lait parce qu'on n'en avait plus. J'ai perdu ces petits plaisirs simples en signant le contrat de location pour mon deux-pièces, sans parler du fait que le sentiment d'isolement est dix fois pire quand, en plus, on travaille chez soi. On n'est jamais obligé de sortir. JAMAIS !

Cette liberté toute neuve peut être déroutante au début. Un peu comme une nouvelle paire de chaussettes, encore raides et pas très confortables.

Quand je me suis rendu compte de mon isolement, j'ai appelé ma mère, qui a immédiatement remarqué une légère tension dans ma voix.

— Tout va bien ? m'a-t-elle demandé.

— Oui, ça va, je me sens juste un peu seul, ai-je dit. En fait, comment on gère ça ?

— Gérer quoi, exactement ?

— Être tout seul à la maison toute la journée ? Comment on fait pour ne pas devenir fou ? Avec qui on sort ? Comment on fait pour ne pas avoir le moral dans les chaussettes à force d'être seul ?

Sans le vouloir, j'avais tout lâché d'un coup. Ce qui est assez typique de moi, en fin de compte.

— Oh ! mon chéri. Tu sais, je suis contente que tu comprennes ça, a-t-elle dit. Maintenant que toi, tes frères et ta sœur êtes partis, et avec ton père qui n'est presque jamais là, je me sens assez seule, moi aussi.

Euh…, pardon ?

— Moi aussi, ça me rend un peu triste par moments, a-t-elle ajouté, mais j'ai appris à m'occuper ! Il y a toujours des endroits où je peux aller, des gens à voir ou à appeler, des choses à faire. Tout ça, c'est dans la tête. Tu n'es pas vraiment seul. Cette impression a seulement la force que tu lui donnes.

Elle a parlé très calmement, d'un ton factuel, avant de me donner des nouvelles de ce que faisaient mes frères et ma sœur, sur la santé des chats, et de m'informer des derniers commérages du quartier :

— Tu te rends compte qu'une telle est enceinte et que machin et machine vont se marier ?

Ah ! les gens des petites villes !

En tout cas, elle avait entièrement raison de ne pas en faire tout un drame. Le sentiment de solitude est temporaire. Il peut facilement être remplacé par l'action ou par un autre sentiment. Maintenant, quand je n'ai pas le moral, je prends mon téléphone et j'appelle un ami, pour le voir ou simplement pour discuter. Comment peut-on être seul quand il y a toujours quelqu'un à qui parler ou avec qui passer un peu de temps ? La solitude est vraiment un état d'esprit.

Quand on vit seul avec ses pensées pour unique compagnie, il est très facile de les laisser remplir le vide et vous engloutir. Maintenant, je comprends parfaitement qu'il puisse être compliqué de maîtriser ses pensées. En cogitant, on peut rapidement rendre les choses pires encore (croyez-moi sur parole, je suis un spécialiste). Mais ma mère a raison : une pensée possède seulement la force qu'on lui donne. Soit on l'alimente, soit on la lâche. Pareil avec la solitude.

Je me demande combien de gens évitent de passer du temps seuls à cause de leurs pensées et du silence auxquels ils doivent se confronter, et je comprends ça : vivre seul peut faire peur, mais quelle grande décision ne fait pas peur ? Dépassez cette peur et considérez-la comme une opportunité. Vous n'en serez que plus forts. Être seul, c'est avoir la chance de se connaître vraiment soi-même, loin de l'influence et du bruit des autres.

Inspirez à fond. Essayez. Bougez. Vous verrez.

Le mythe de la « célébrité »

Scénario 1

Los Angeles, 9 h 14. Disons que c'est un jeudi. Je me réveille, m'assois à table avec mon ordinateur pendant un moment, puis je décide d'aller faire un petit tour rapide au Starbucks d'à côté. Tout est calme. Personne ne me voit. Personne ne me connaît.

Je suis un type lambda.

Scénario 2

Orlando, 9 h 14. Disons que c'est Playlist Live[1]. Je me réveille dans ma chambre d'hôtel et m'assois dans mon lit avec mon ordinateur pendant un moment, puis je décide d'aller faire un petit tour rapide au Starbucks d'à côté. Tout est calme. Soudain, j'entends des cris derrière moi. Je me retourne. Plusieurs centaines de jeunes courent vers moi en hurlant mon nom. C'est une ruée générale. D'un coup, tout le monde semble savoir qui je suis.

Bienvenue dans mon univers sens dessus dessous, celui auquel je n'ai pas fini de m'habituer. Quand j'ai commencé ce voyage il y a quatre ans, assis dans une chambre, en train de parler à une caméra, il ne m'est jamais venu à l'esprit que je puisse un jour être connu. Jamais je n'aurais pu penser que cette forme

---

1. Playlist Live est un événement annuel dédié aux créateurs de contenu Internet et aux youtubeurs en particulier. (NDT)

de notoriété me frapperait comme un train lancé à toute allure. Je ne suis pas du genre à vouloir devenir « célèbre ». À vrai dire, c'est même l'exact opposé de ce que j'aspirais à être. Et pourtant, c'est devenu une conséquence indirecte de la carrière que j'ai embrassée. C'est drôle de penser que le garçon qui n'a jamais particulièrement aimé être au centre de l'attention en recueille désormais autant, uniquement parce qu'il fait ce qu'il aime.

Avant d'aller plus loin, je voudrais préciser à quel point le mot « célèbre » me met mal à l'aise. Finalement, ce n'est encore qu'une étiquette de plus, et mal adaptée. Malheureusement, ce terme comporte une connotation négative, et je comprends pourquoi. Pour moi, il y a une touche désagréable et un peu prétentieuse dans ce mot.

— Qu'est-ce que ça fait, d'être célèbre ? me demande-t-on souvent.

Cette question me gêne beaucoup, car je ne me considère absolument pas « célèbre ».

Je préférerais qu'on s'intéresse davantage à la qualité de mon travail qu'au nombre de personnes qui le voient. Je préfère dire que quatre millions de personnes s'intéressent à mes posts plutôt que dire que j'ai quatre millions de fans. Je ne suis qu'un type qui crée du contenu pour le plaisir des autres afin de remplir le vide créatif en moi. Mais le fait d'être reconnu et de recevoir des messages et des tweets en provenance du monde entier fait partie de ce nouveau territoire. Je dois m'y habituer, car, même si ce changement ne s'est pas produit comme par enchantement en une nuit, il est arrivé de façon extrême, rapide et un peu inconfortable.

Pendant mes années de fac, je crois que je n'ai pas bien estimé à quel point mon petit hobby sur YouTube commençait à sérieusement décoller. Peut-être que l'isolement du Minnesota me protégeait un peu, mais, une fois arrivé à Los Angeles, je me suis rendu compte que les gens me remarquaient. Au fil des semaines, on a commencé à m'arrêter dans la rue, dans les restaurants, dans les centres commerciaux, et j'ai bientôt attiré l'attention du monde des affaires, dans les événements, les fêtes et les cérémonies de récompense de l'industrie du divertissement. Mon manager a dit que j'étais devenu *mainstream* ; évidemment, ça m'a fait rire. Sauf que, brusquement, un chiffre sur un écran (le nombre d'abonnés YouTube ou de *followers* Twitter) s'était transformé en de vrais êtres humains qui parlent et qui respirent. (Dit comme ça, on dirait une espèce de film d'horreur complètement barré !) Ces clics n'étaient pas tous le fruit d'erreurs d'aiguillage sur Internet. Ces inconnus existaient, ils étaient là et ils me connaissaient ; il fallait bien que je me fasse une raison et que je m'habitue à cette idée, si bizarre que ça puisse me paraître.

La vie est devenue encore plus bizarre lors des MTV Video Music Awards de 2014, quand je me suis retrouvé sur le tapis rouge entre Taylor Swift, Miley Cyrus et Adam Levine. C'était un moment surréaliste. Dieu merci, je ne suis pas du genre à devenir fou devant une célébrité, sinon, j'aurais été dans un état critique : en larmes, essayant de prendre des selfies entre deux sanglots.

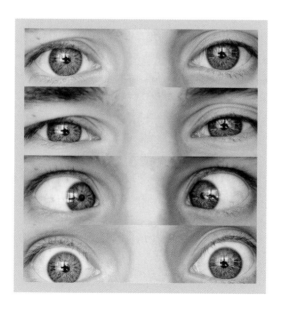

C'était une expérience formidable, mais dont je n'avais pas du tout prévu l'issue en commençant ma journée.

Je m'étais levé de bonne heure, probablement à cause des petits nœuds qui me serraient l'estomac, en me disant : *C'est le grand jour ! Celui de la cérémonie !*

En Connor tout craché, j'avais acheté ma tenue la veille : une veste grise, une belle chemise blanche avec une seule rayure noire au milieu, un pantalon noir, et mes super godasses noires bien cirées, trop classe. Je présentais bien. Je me sentais bien.

Ma voiture est arrivée, et je me suis engouffré dans la chaleur californienne. Durant les 45 minutes de trajet dans les embouteillages, mon esprit s'est mis à vagabonder, à réfléchir… et à faire le point en repensant à La Crescent, à ma petite université de Collegeville dans le Minnesota. Et aujourd'hui, j'étais là, dans une super voiture noire, en route pour une cérémonie télévisée retransmise dans tout le pays, produite par MTV, et ces gens-là m'avaient invité ; ils voulaient que j'y sois. Je n'avais pas eu à demander, supplier ou ramper devant qui que ce soit. Je me suis pincé. C'est à ce moment précis que j'ai su que ma prise de risque (en déménageant à l'ouest) avait payé. Après beaucoup de décisions difficiles, de nuits sans sommeil et de réflexion, j'avais réussi dans un endroit dont je n'aurais jamais osé rêver avant. Je n'aurais jamais cru qu'une telle vie et une telle carrière pouvaient m'attendre.

Quand la voiture est arrivée à la salle de la cérémonie, je suis sorti de ma rêverie et l'on m'a guidé vers le tapis rouge dans une cohue de luxe. Là, j'ai été accueilli par une clameur où se mêlaient un concert de hurlements (« COOONNNOOOORRR ! ») et le crépitement des flashes. Stupéfiant.

Je me suis de nouveau pincé.

— Aïe ! ai-je fait en grimaçant.

Pourquoi avais-je besoin de faire ça ?

Tout ce que j'ai traversé et tout ce que j'ai construit, cela va bien au-delà de cette cérémonie ou de la « célébrité » qui va avec. J'étais là en raison de la reconnaissance apportée à mon travail, et c'était ça, ma récompense. Je suis simplement heureux que les choses que je fais, que je crée plaisent et parlent à mon public. À vrai dire, je ne devrais même pas dire « je », mais plutôt « nous ». Nous, les acteurs de la communauté YouTube, avons toujours rêvé de recevoir de tels applaudissements. Lors de cette soirée des Video Music Awards, j'ai regardé autour de moi et vu beaucoup de mes camarades auprès de célébrités reconnues, et j'en ai éprouvé une grande fierté.

Tout cela est arrivé, et très vite. Et ça va encore grandir. Je suis prêt pour l'aventure qui nous attend. Repoussons les limites et montrons au monde que nous sommes sérieux. Il est temps de sauter dans ce train à grande vitesse.

Donner

Quand j'étais petit, j'ai grandi en faisant du bénévolat dans des foyers, à l'église, les associations et dans ma communauté en général. Mes parents nous ont toujours encouragés à penser aux difficultés des autres ; les œuvres caritatives ne m'étaient donc pas étrangères. Mais je finissais toujours par m'en aller en me disant que j'aimerais faire beaucoup plus que donner un peu de mon temps.

Depuis que ma notoriété sur YouTube a commencé à grandir, j'ai toujours voulu contribuer à une œuvre caritative quelconque, sans parvenir pour autant à décider laquelle. Le monde déborde de problèmes à régler et de gens à aider ; alors, comment choisir un seul projet ? Ce fut un choix difficile, mais que j'ai fini par faire en août 2014.

Un soir, alors que je traînais sur Internet pour Dieu sait quoi, je suis tombé sur The Thirst Project. En gros, cette association a pour mission de fournir de l'eau potable aux populations d'Afrique. Avec l'aide de personnes vivant sur place, des puits sont creusés dans les villages, stimulant ainsi l'économie. Ce qui m'a le plus marqué, sans compter la passion que le fondateur, Seth Maxwell, a pour cette cause, c'est le fait de comprendre que l'eau était le premier des nombreux obstacles que les populations rencontrent. Si ces gens n'étaient pas obligés de marcher toute la journée pour aller chercher de l'eau dans un ruisseau boueux, ils pourraient travailler, et leurs enfants pourraient aller à l'école. S'ils avaient la possibilité de boire une eau potable, les risques seraient moindres de développer des maladies à cause d'une source contaminée. En réglant le problème de l'eau, tout s'ouvre devant eux. Incroyable.

Après avoir rapidement créé une page de présentation et un plan d'action, j'ai lancé, un mois plus tard, le 12 septembre 2014, pour mon anniversaire, une campagne pour lever des fonds en utilisant des vidéos sur YouTube, des tweets et autres médias sociaux. La réponse a été sidérante. Dans les 30 jours qui ont suivi, mes *followers* et moi avions rassemblé plus de 230 000 dollars.

Pour faire avancer les choses, il suffit parfois d'une idée, d'un peu d'initiative et de détermination. Je me suis rendu compte que je pouvais me servir de mon influence (un large public) pour faire le bien dans un coin du monde qui en avait grand besoin. Jamais je ne me suis senti aussi fier de moi qu'après avoir atteint ce but. Rendre ce qu'on a reçu est un vrai bonheur. Donner, c'est l'œuvre du cœur ; cela nous demande de mettre nos désirs et besoins personnels de côté pendant un moment pour les placer entre les mains de personnes moins chanceuses. Comme le disait Mère Teresa : « L'important, ce n'est pas combien l'on donne, mais quelle dose d'amour on met dans ce don. »

Du fond du cœur, merci à tous ceux qui ont contribué à cette action. Nous avons fait quelque chose de bien.

La vie n'attend pas

Commencer à écrire un livre, c'est un sentiment très bizarre.

Mais finir d'en écrire un, ça l'est encore plus.

Franchement, je n'arrive pas à croire que je suis allé aussi loin – de la première page blanche à la dernière ligne ! C'est très intéressant, pour moi qui n'ai jamais travaillé sur un projet pendant une durée aussi longue (presque un an maintenant). D'habitude, je pense à un truc, je le crée et je le partage instantanément avec le monde entier. Du coup, élaborer, nourrir un projet et l'accomplir sur une telle durée sans le partager avec quiconque a été un vrai test pour moi. Un test de patience, de persévérance, de créativité, et, en toute honnêteté, de capacité d'écriture.

Aux cinq d'entre vous qui ont pris le temps de se poser pour lire mon livre de A à Z, un grand merci. J'espère que vous avez le sentiment d'être partis à la découverte de vous-mêmes en en apprenant davantage sur moi et ma façon de voir le monde. Ce monde qui est un endroit bien étrange, et peut-être encore plus de mon point de vue.

Nous avons tous encore de nombreux chapitres à vivre, mais, en ce qui me concerne, j'arrive au terme de ce projet. Alors, comment conclure ce livre ? J'y ai réfléchi longuement. Normalement, la fin est la meilleure partie d'un bouquin, non ? Celle qui accroche le plus le lecteur. Celle qui peut faire ou défaire une histoire. Quelle pression ! Je risque de faire une petite crise d'angoisse si j'y pense trop !

Respire, Connor. Respire.

C'est bon, je l'ai. Finissons avec le meilleur conseil que j'ai à vous donner.

La vie n'attend pas. C'est valable pour tout le monde. Êtes-vous heureux de ce que vous êtes, de ce que vous faites ? Si vous devez réfléchir à la réponse, c'est qu'elle est probablement négative. Il ne suffit pas de laisser les choses se faire, de simplement *exister* jour après jour. Où est-ce que ça va vous mener ? On est ici pour *vivre*, non ? Pour tirer le maximum de jus du fruit de la vie et, à la fin de la journée, pouvoir se dire : *Waouh ! Je suis vraiment content d'avoir ce que j'ai et de faire ce que je fais. J'ai vraiment beaucoup de chance.*

Un jour, j'ai entendu un copain parler de sa tante, qui travaille tous les jours du matin au soir en refaisant chaque fois la même chose. À plus de 40 ans, elle fait ce boulot ennuyeux depuis 10 ans, une sorte de *Un jour sans fin*, le film, version professionnelle. Je ne vois aucun problème à faire n'importe quel boulot si longtemps, à partir du moment où l'on aime son métier. Mais c'est là qu'est le problème avec cette personne : elle déteste son travail.

— Elle n'a pas le choix, disait mon copain. Elle est bien obligée de gagner un salaire pour pouvoir survivre.

Mon cœur s'est serré pour elle en entendant cette histoire. De mon point de vue, c'est comme si elle était en prison. La routine devient les murs étroits d'une prison si l'on n'y prend pas garde. Et cette idée d'une vie robotisée, où il ne subsiste plus rien pour vous stimuler, vous motiver, nous attend tous potentiellement si nous capitulons en optant pour les solutions les plus faciles ou répondre aux attentes des autres, qui ne sont souvent pas les nôtres.

Pourquoi s'infliger cela ? Ne baissez pas les bras trop rapidement.

Ne vous résignez pas, pour rien au monde.

Battez-vous pour obtenir ce que vous désirez, du moment que vous ne faites pas de mal aux autres.

C'est une personne qui s'est sentie emprisonnée en elle-même qui vous le dit. Je suis passé par là, mais je m'en suis sorti assez rapidement. J'avais de l'ambition. J'avais des rêves. Et je devais les réaliser, sans quoi mon âme se serait desséchée. Le plus dur a été de m'autoriser à désirer autre chose que ce qui était socialement acceptable, de me dire que je pouvais le faire, puis de le faire pour de bon.

Faire vraiment ce qui nous plaît peut s'avérer la plus ardue des tâches. Certes, le risque était énorme, et tout aurait pu m'exploser à la figure, mais je ne pourrais pas vivre en me disant constamment : *Et si je l'avais fait ?*

Finalement, qu'avez-vous à perdre ?

La vidéo YouTube que je préfère dans toutes celles que j'ai faites parlait de ce sujet, et j'ai envie d'en partager le texte avec vous pour que vous ne l'oubliiez pas.

Comme le dit son titre : *La vie n'attend pas.*

Je suis fatigué, vraiment fatigué

Pas à cause du manque de sommeil

Mais juste parce que j'ai du mal à en croire mes yeux

Quand je vois l'aquarelle du monde dans lequel nous vivons

Prendre peu à peu une teinte grisâtre

Les sourires devenir crispés

Les hauts devenir des bas

Certains d'entre nous ont perdu l'étincelle

Perdu leur motivation

Perdu leur cœur

Et, honnêtement, cela me fatigue

Je suis épuisé de voir

Ces vies qui manquent de lumière

Alors que nous y avons tous droit, non ?

Alors, s'il vous plaît, écoutez-moi bien

Ouvrez grands vos yeux, posez-les là

Toute poésie et tout exercice de style mis à part

Voici une histoire qui en dit long, que je raconte pour la première fois :

Il y a quelques semaines de ça, lors d'un jour comme un autre, j'allais retrouver des amis pour déjeuner. Sans trop savoir pourquoi, j'ai préféré prendre un taxi plutôt que d'affronter les difficultés de stationnement de Los Angeles. Après quelques minutes d'attente, j'ai vu la voiture approcher et je suis sorti de mon appartement pour me diriger vers le véhicule jaune qui m'attendait à l'angle de la rue.

Je suis le genre de gars qui aime engager la conversation avec tout type de personne, qu'il s'agisse d'une vieille dame à un arrêt de bus ou d'un serveur dans un café. Les gens sont ce qu'ils sont, et ils ont tous quelque chose à dire ; tout le monde a une histoire unique à raconter. Après quelques phrases d'introduction, l'aimable trentenaire qui conduisait le taxi a compris que nous étions tous deux du genre créatif, originaires du Midwest, vivant à Los Angeles et poursuivant nos nombreuses aspirations artistiques.

Nous avons continué de discuter, et les choses ont vite pris une tournure plus profonde.

— Ça n'a pas gêné ta famille que tu déménages dans une grande ville pour te lancer dans une carrière aussi improbable ? m'a-t-il demandé.

— Pas du tout ! ai-je répondu. Ils sont heureux que je sois heureux et que je fasse chaque jour quelque chose qui me plaît.

Il a poursuivi en disant :

— Super, c'est vraiment chouette que tu fasses quelque chose qui te passionne. Peu de gens peuvent en dire autant à notre époque.

Puis, il a ajouté :

— Tu sais, mon père et mon frère ont travaillé jour et nuit pendant quasiment leur vie entière en étant mal payés et en faisant un boulot qui ne leur plaisait pas du tout. Ils disaient tout le temps qu'un jour, ils en profiteraient enfin ! « On dépensera cet argent durement gagné plus tard ! On finira bien par avoir une vie agréable. » Mais, tu sais quoi ? Ni l'un ni l'autre n'a pu en profiter. Mon père est mort subitement il y a quatre ans, et mon frère, l'année dernière. Ils n'auront jamais vécu la vie qu'ils voulaient avoir ; alors, ça fait plaisir de voir des gens suivre leur cœur et vivre leur vie maintenant, et non plus tard.

J'étais arrivé à destination. Nous nous sommes quittés sur ces mots.

Après un simple trajet de dix minutes en voiture
Je suis reparti avec une nouvelle vision de la vie
La vie n'attend personne
Si la vôtre ne va pas comme vous le voulez
Si vous ne suivez pas vos envies
Si vous vous éveillez dans une crainte immédiate
Toujours attristé par les heures qui vous attendent
Si vous vivez chaque jour
En vous sentant perdu, le cœur brouillé
En retenant ce que vous avez envie de dire
En attendant un autre jour pour être vous-même
Vos rêves et envies mis en veilleuse
Remis à plus tard, peut-être quand vous serez vieux
Vous n'êtes pas sur le bon chemin
Vous ne vivez pas votre vie
Non, au bout du compte, ça ne va pas
Pourquoi demain quand il existe aujourd'hui ?

J'ai enfin l'impression d'avoir trouvé ma voie
Et de ne plus simplement vivre au jour le jour
Je sais ce que j'aime
Je vais où je veux aller
Je suis celui que je veux être
Je suis heureux

Et vous savez quoi ? Je crois que tout le monde mérite de ressentir ça.

• • •

Je ne suis qu'un jeune comme les autres essayant de trouver sa place dans le monde. Je ne suis là que depuis 22 ans et il me reste tant à explorer, tant à apprendre. J'ai déjà traversé beaucoup de choses, mais encore plus de hauts et de bas viendront à moi au cours de ma vie. J'ignore où et quand, et cette incertitude est belle. Tout ce que je sais, c'est que je dois continuer d'avancer dans la direction qui me plaît.

Je refuse de vivre dans le regret. Je refuse d'espérer que les choses s'arrangeront d'elles-mêmes à l'avenir alors que j'ai toutes les cartes en main pour les rendre meilleures ici et maintenant. Nous n'avons qu'une vie, et personne ne sait combien de temps elle durera ni de quoi elle sera faite. Les possibilités sont réellement infinies.

L'avenir sera radieux si vous le laissez l'être. Ne vous laissez pas prendre au piège de le voir sombre. N'acceptez pas de croire que vous n'aurez jamais mieux que là où vous en êtes maintenant. Votre potentiel est illimité. Agissez aujourd'hui. Tout de suite. Faites un bond en avant. Vivez. Aimez.

Alors, qu'attendez-vous ? Allez-y. C'est parti !

Remerciements

À mes éditeurs, Jhanteigh et Steve : merci d'avoir supporté mes e-mails incessants, mes coups de fil, de m'avoir reçu si souvent et de m'avoir fourni toute l'aide dont j'avais besoin pour accomplir cet énorme projet. Je n'y serais pas parvenu sans vos conseils et votre patience.

À mon manager, Andrew : merci de m'avoir guidé dans cette aventure, ainsi que dans mes autres projets. Sans ton impulsion positive, je n'aurais même pas eu le courage de commencer ce livre.

À mon conseiller en création et meilleur ami, Troye : merci pour toutes les idées que tu me donnes dans mes créations. Je t'apprécie au plus haut point et estime ton avis plus que celui de quiconque.

À mes amis de toujours : Alli, Jacob, Douglas, Kirstin, Kayla, Brooke, Stephanie et Emilie. Merci d'avoir partagé les moments les plus mémorables de mon enfance. Je n'échangerais rien au monde contre les longues heures passées avec vous dans la piscine.

À ma famille, papa, maman, Dustin, Nicola et Brandon : merci pour votre amour et votre soutien inconditionnels. Je ne peux pas dire à quel point je suis fier de venir d'une famille comme la nôtre. Je vous aime de tout mon cœur.

Enfin, à vous, lecteurs : que ce soit la première ou la millionième fois que vous entendez parler de moi, merci ! Tout le soutien que je reçois chaque jour me fait toujours aussi chaud au cœur, et je ne serais pas ce que je suis aujourd'hui sans vous. Vous êtes géniaux et réaliserez de grandes choses dans ce monde. Je remercie le ciel d'avoir pu vous emmener dans ce petit voyage à mes côtés.